城镇绿色产业经济研究

CHENGZHEN LÜSE CHANYE
JINGJI YANJIU

多金荣　夏　田/著

吉林出版集团股份有限公司

图书在版编目（CIP）数据

　城镇绿色产业经济研究 / 多金荣，夏田著. -- 长春：吉林出版集团股份有限公司，2015.12（2025.7 重印）

　ISBN 978 - 7 - 5534 - 9806 - 5

　Ⅰ. ① 城… Ⅱ. ① 多… ② 夏… Ⅲ. ① 城镇－绿色产业－产业经济－研究－中国 Ⅳ. ① F127

　中国版本图书馆 CIP 数据核字（2016）第 006849 号

城镇绿色产业经济研究

CHENGZHEN LÜSE CHANYE JINGJI YANJIU

著　　者：	多金荣　　夏　田
责任编辑：	杨晓天　　张兆金
封面设计：	韩枫工作室
出　　版：	吉林出版集团股份有限公司
发　　行：	吉林出版集团社科图书有限公司
电　　话：	0431 - 86012746
印　　刷：	三河市佳星印装有限公司
开　　本：	710mm×1000mm　　1/16
字　　数：	214 千字
印　　张：	12.75
版　　次：	2016 年 4 月第 1 版
印　　次：	2025 年 7 月第 3 次印刷
书　　号：	ISBN 978 - 7 - 5534 - 9806 - 5
定　　价：	56.00 元

目　录

第一章 城镇绿色产业经济发展的相关理论及评述

"生产发展，生活富裕，乡风文明，村容整洁，管理民主"，这既是中央对新农村建设的要求，也是城镇经济发展的总体目标。发展城镇绿色产业经济，完善社会主义市场经济，建设社会主义新农村，全面实现小康社会，具有重大的战略意义和现实意义。

城镇绿色产业经济作为现代经济发展方式，既不是以牺牲生态环境为代价的经济增长方式，也不是以牺牲经济增长为代价的生态平衡模式，而是强调生态系统与经济系统相互适应、相互促进和相互协调的生态经济发展方式。

城镇绿色产业经济发展的理论基础是生态经济、循环经济、和谐发展理论、产业经济理论。建设社会主义新农村，提高城镇经济发展的量和质，必须坚持以可持续发展理论、区域经济发展理论、经济发展理论及我党城镇发展理论为指导。现就城镇绿色产业经济发展的基本理论做如下评述。

第一节 城镇绿色产业经济发展的相关理论

一、可持续发展理论

（一）可持续发展的概念

既满足当代人的需求，又不对后代人满足其需求的能力构成危害的发展称为可持续发展。既要达到发展经济的目的，又要保护好人类赖以生存的大气、淡水、海洋、土地和森林等自然资源和环境，使子孙后代能够永续发展和安居乐业。可持续发展与环境保护既有联系，又不等同。环境保护是可持续发展的重要方面。可持续发展的核心是发展，但要求在严格控制人口数量、提高人口素质和保护环境、资源永续利用的前提下实现经济和社会的发展。发展是可持续发展的前提；人是可持续发展的主体；可持续发展才是真正的发展。

不同学科从不同角度考察了可持续发展的定义，无论从哪个角度对可持续发展进行定义，可持续发展的概念都离不开两方面内容，一是发展，即人类社会的发展，这既是可持续发展的最终目标，也是可持续发展的基础和核心；二是可持续性，即人类发展具有可持续性，同时自然资源供给能力及生态环境承载能力具有可持续性。这两方面内容表现为以下几种。

（1）经济可持续：即在保护自然资源、环境质量和为人类提供服务的前提下，使经济发展的利益增加到最大限度，强调经济发展不能再以牺牲资源和环境为代价，只能在不降低环境质量和不破坏自然资源的基础上发展经济。

（2）生态可持续：可持续发展的本质就是运用生态学原理，增强资源的再生能力，引导技术变革，使再生资源替代非再生资源成为可能，制定出行之有效的政策，是发展因素的利用趋于合理化。

（3）社会可持续：社会可持续发展的核心是人的全面发展，强调满足人类的基本需要。既包括满足人们对各种物质生活和精神生活享受的需要，又包括满足人们对劳动环境、生活环境质量和生态环境质量等的生态需求；既包括不断提高全体人民的物质生活水平，又包括逐步提高生存与生活质量，做到适度消费和生活方式文明，使人、社会、自然保持协调关系和良性循环，从而使社会发展达到人与自然和谐统一，生态与经济共同繁荣，可持续发展理论的社会性是一项复杂的社会系统工程，它的核心是提高人的素质，实现人的全面发展。

（4）自然环境可持续。

（二）可持续发展的内涵

可持续发展的内涵十分丰富，具体包括以下四方面的含义：

（1）可持续发展的最终目标是实现人类社会的持续向前发展，无论是从政治方面，还是从经济、文化方面考虑，可持续发展就是要改善人类的生活质量，创造美好的环境。

（2）实现可持续发展应采取的途径是保证人与自然的协调发展。一方面，确保人的发展愿望的实现；另一方面，维持自然生态的完整性及其为人类提供资源能力的可持续性。两者缺一，则不能成为可持续发展。

（3）实现可持续发展的有效方法是推动科技进步，开发清洁能源，运用清洁生产工艺，搞循环经济，提高资源利用效率，减少对环境的破坏，使人类的生产生活在协调与资源环境关系的过程中能够不断进行下去。

（4）实现可持续发展讲究的原则是公平性原则和共同性原则。公平性原则体现为代际公平和代内公平。既要让后代人享有与当代人同等的甚至更多的发展机会和空间，又要使同代人中的不同阶层、不同地区、不同发展阶段的人们拥有同等的、不受歧视的发展待遇。共同性原则是呼吁世界各国共同担当可持续发展的责任。

（三）可持续发展的核心思想

可持续发展所要解决的核心问题有：人口问题、资源问题、环境问题、发展问题。简称 PRED 问题。

可持续发展的核心思想是：人类应协调人口、资源、环境和发展之间的相互关系，在不损害他人和后代利益的前提下追求发展。

健康的经济发展应建立在生态可持续能力、社会公正和人民积极参与自身发展决策的基础上。它所追求的目标是：既要使人类的各种需要得到满足，个人得到充分发展，又要保护资源和生态环境，不对后代人的生存和发展构成威胁。它特别关注的是各种经济活动的生态合理性，强调对资源、环境有利的经济活动应给予鼓励，反之则应予摈弃。在发展指标上，不单纯用国民生产总值作为衡量发展的唯一指标，而是用社会、经济、文化、环境等多项指标来衡量发展。这种发展观较好地把眼前利益与长远利益、局部利益与全局利益有机地统一起来，使经济能够沿着健康的轨道发展。

（四）可持续发展理论的特点

可持续发展理论的特点体现在可持续发展目标的实现程度上，即：
（1）人与自然的平衡。
（2）环境与发展的平衡。
（3）经济效率与社会公平的平衡。
（4）开发（创新）与保护（继承）的平衡。
（5）物质生产与精神富足的平衡。
（6）自由竞争与整体规范的平衡（田应奎，2003）。

二、生态经济理论

生态经济是一种尊重生态原理和经济规律的经济。它要求把人类经济社会发展与其依托的生态环境作为一个统一体，经济社会发展一定要遵循生态学理论。生态经济所强调的就是要把经济系统与生态系统的多种组成要素联系起来进行综合考察与实施，要求经济社会与生态发展全面协调，达到生态经济的最优目标。

人类追求可持续发展和社会和谐目标，对生态环境的容量与自然资源的承载力有极大的冲击。但可持续发展和社会和谐目标的提出，为改进资源配置，保护生态环境，提供了可能性。只要对自然生态系统的利用不超过它的自我调节能力，利用自然生态系统的再生性、可持续性、可修复性、递增性，自然生态系统的承载力就会越来越高，人与自然的协调性就会就越来越好，人与自然的关系就会越来越和谐。从社会方面看，人类对资源和环境的影响都会随着经济发展由趋于恶化转向不断改善。

人的需求与自然需求的统一，自利和利他的统一，可以通过政府的法律、法规、政策和企业自律，完成社会最佳效果和企业的最大利益。随着经济发展和居民收入水平的不断提升，自然资源、生态资源与环境资源的利用效率会越来越高，参与环境保护行动的人群会越来越大，可用于保育资源、生态与环境的资金投入会越来越多，人类社会必将逐步进入可持续性趋于增强的和谐社会形态。

(一) 生态经济的概念

生态经济是指在生态系统承载能力范围内，运用生态经济学原理和系统工程方法改变生产和消费方式，挖掘一切可以利用的资源潜力，发展一些经济发达、生态高效的产业，建设体制合理、社会和谐的文化以及生态健康、景观适宜的环境。经济社会，也是一个生态社会，生态经济是实现经济腾飞与环境保护，物质文明与精神文明，自然生态与人类生态的高度统一和可持续发展的经济。生态经济，"社会—经济—自然"复合生态系统，即包括物质代谢关系、能量转换关系及信息反馈关系，又包括结构、功能和过程的关系，具有生产、生活、供给、接纳、控制和缓冲功能。

(二) 生态经济理论的内容

生态经济理论强调了生态与经济的密切联动关系与协调发展。围绕着人类经济活动与自然生态之间相互作用的关系，研究生态经济结构、功能、规律、平衡、生产力及生态经济效益，生态经济的宏观管理和数学模型等内容。旨在促使社会经济在生态平衡的基础上实现持续稳定发展。生态与经济的关联性表现为经济的生态化、生态的经济化。生态与经济的密切联动最终促使生态经济一体化。生态经济理论的研究内容除了经济发展与环境保护之间的关系外，还有环境污染、生态退化、资源浪费的产生原因和控制方法；环境治理的经济评价；经济活动的环境效应等等。另外，它还以人类经济活动为中心，研究生态系统和经济系统相互作用而形成的复合系统及其矛盾运动过程中发生的种种问题，从而揭示生态经济发展和运动的规律，寻求人类经济发展和自然生态发展相互适应、保持平衡的对策和途径。更重要的是，生态经济学的研究结果还应当成为解决环境资源问题、制定正确的发展战略和经济政策的科学依据。

（三）生态经济的特点

（1）综合性。生态经济是以自然科学同社会科学相结合来研究经济问题，从生态经济系统的整体上研究社会经济与自然生态之间的关系。

（2）层次性。从纵向来说，包括全社会生态经济问题的研究，以及各专业类型生态经济问题的研究，如农田生态经济、森林生态经济、草原生态经济、水域生态经济和城市生态经济等。

（3）地域性。生态经济问题具有明显的地域特殊性，生态经济研究要以一个国家或一个地区的国情或地区情况为依据。

（4）战略性。社会经济发展，不仅要满足人们的物质需求，而且要保护自然资源的再生能力；不仅追求局部和近期的经济效益，而且要保持全局和长远的经济效益，永久保持人类生存、发展的良好生态环境。生态经济研究的目标是使生态经济系统整体效益优化，从宏观上为社会经济的发展指出方向，因此具有战略意义。

生态经济表现出三个特征：

（1）时间性，指资源利用在时间维上的持续性。在人类社会再生产的漫长过程中，后代人对自然资源应该拥有同等或更美好的享用权和生存权，当代人不应该牺牲后代人的利益换取自己的舒适，应该主动采取"财富转移"的政策，为后代人留下宽松的生存空间，让他们同我们一样拥有均等的发展机会。

（2）空间性，指资源利用在空间维上的持续性。区域的资源开发利用和区域发展不应损害其他区域满足其需求的能力，并要求区域间农业资源环境共享和共建。

（3）效率性，指资源利用在效率维上的高效性。即"低耗、高效"的资源利用方式，它以技术进步为支撑，通过优化资源配置，最大限度地降低单位产出的资源消耗量和环境代价，来不断提高资源的产出效率和社会经济的支撑能力，确保经济持续增长的资源基础和环境条件。

三、循环经济理论

循环经济跨越自然科学和社会科学，是一门交叉科学，运用生态学、经济学知识研究循环系统时还设计及资源经济学、环境经济学、生态经济学、产业经济学等方面的内容。

循环经济理论是人们在解决经济发展和环境保护这一突出矛盾过程中逐步发展形成的。循环经济是以物质闭环流动为特征的经济，在资源投入、企业生产、产品消费及其废弃的全过程中，把传统的依赖资源消耗的线形增长的经济，转变为依靠生态型资源循环来发展的经济。在资源不退化甚至得到改善的情况下促进经济增长。循环经济是指人们在生产生活中，建立充分利用资源循环机制，把人类的生产活动纳入自然生态环境中，从而达到既发展经济又维护自然循环的双重目的。从循环经济的提出，到中国各地实施循环经济发展的具体实践总结，制定循环经济的发展规划，表现出循环经济发展理念本身所体现的科学性、协调性、可持续性，也反映了发展循环经济对我国缓解环境污染、提高资利用率的迫切需要。

（一）循环经济理论的概念

循环经济指的是生态学意义上的循环，而不是经济学意义上的循环。循环经济是指生产流通消费过程中进行的减量化、再利用、资源化活动的总称。循环经济是人类实现可持续发展的一种全新的经济运行模式、一种全新的经济发展模式，具有自身独立的特征。倡导在物质不断循环利用的基础上发展经济，其要旨是将经济活动组织成"资源—生产—消费—二次资源"的闭环过程。"循环经济"一词最早是由美国经济学家波尔丁在20世纪60年代提出"生态经济"概念时谈到的。循环经济的本质是生态经济。以低消耗、低排放、高效率为基本特征，它是一种以生态经济学原理为基础、经济学原理为主导，以人类经济活动为中心，运用系统工程方法，从最广泛的范围研究生态和经济的结合，从整体上去研究生态系统和生产力系统的相互影响、相互制约和相互作用，揭示自然和社会之间的本质联系和规律，改变生产和消费方式，高效合理利用一切可用资源，循环经济的基础是自然科学和社会科学的综合。

循环经济的内涵是一种以"资源—产品—再生资源—产品"为特征的经济发展模式，表现为"两低两高"即低消耗、低污染、高利用率和高循环率，使物质资源得到充分、合理的利用，把经济活动对自然环境的影响降低到尽可能小的程度，是符合可持续发展原则的经济发展模式。循环经济的内涵是相对传统经济而言的。传统经济是以"资源—产品—废弃物—污染物—排放"的单向流动为基本特征的经济发展模式，表现为"两高一低"即高消耗、低利用、高污染，是不能持续发展的模式。

（二）循环经济理论的内涵

（1）新的系统观：循环是指在一定系统内的运动过程，循环经济的系统是由人、自然资源和科学技术等要素构成的大系统。循环经济观要求人在考虑生产和消费时不再置身于这一大系统之外，而是将自己作为这个大系统的一部分来研究。

（2）新的经济观：在传统工业经济的各要素中，资本在循环，劳动力在循环，而唯独自然资源没有形成循环。循环经济观要求运用生态学规律，而不是仅仅沿用 19 世纪以来机械工程学的规律来指导经济活动。不仅要考虑工程承载能力，还要考虑生态承载能力。只有在资源承载能力之内的良性循环，才能使生态系统平衡地发展

（3）新的价值观：循环经济观在考虑自然时，不再像传统工业经济那样将其作为"取料场"和"垃圾场"，也不仅仅视其为可利用的资源，而是将其作为人类赖以生存的基础，是需要维持良性循环的生态系统；在考虑科学技术时，不仅考虑其对自然的开发能力，而且要充分考虑到它对生态系统的修复能力，使之成为有益于环境的技术；在考虑人自身的发展时，不仅考虑人对自然的征服能力，而且更重视人与自然和谐相处的能力，促进人的全面发展。

（4）新的生产观：传统工业经济的生产观念是最大限度地开发利用自然资源，最大限度地创造社会财富，最大限度地获取利润。而循环经济的生产观念是要充分考虑自然生态系统的承载能力，尽可能地节约自然资源，不断提高自然资源的利用效率，循环使用资源，创造良性的社会财富。在生产过程中，循环经济观要求遵循"3R"原则：资源利用的减量化（Reduce）原则，即在生产的投入端尽可能少地输入自然资源；产品的再使用（Reuse）原则，即尽可能延长产品的使用周期，并在多种场合使用；废弃物的再循环（Recycle）原

则，即最大限度地减少废弃物排放，力争做到排放的无害化，实现资源再循环。同时，在生产中还要求尽可能地利用可循环再生的资源替代不可再生资源，如利用太阳能、风能和农家肥等，使生产合理地依托在自然生态循环之上；尽可能地利用高科技，尽可能地以知识投入来替代物质投入，以达到经济、社会与生态的和谐统一，使人类在良好的环境中生产生活，真正全面提高人民生活质量。

（5）新的消费观：循环经济观要求走出传统工业经济"拼命生产、拼命消费"的误区，提倡物质的适度消费、层次消费，在消费的同时就考虑到废弃物的资源化，建立循环生产和消费的观念。同时，循环经济观要求通过税收和行政等手段，限制以不可再生资源为原料的一次性产品的生产与消费，如宾馆的一次性用品、餐馆的一次性餐具和豪华包装等。

（三）循环经济理论的特点

（1）循环经济是一种以资源高效利用和循环利用为核心，以"三 R"为原则，即减量化（Reduce）、再使用（Reuse）、再循环（Recycle）；以低消耗、低排放、高效率为基本特征。

（2）以生态产业链为发展载体；以清洁生产为重要手段，达到实现物质资源的有效利用和经济与生态的可持续发展。

（3）从本质上讲，循环经济就是生态经济，就是运用生态经济规律来指导经济活动。也可称是一种绿色经济，"点绿成金"的经济。它要求把经济活动组成为"资源利用—绿色工业（产品）—资源再生"的闭环式物质流动，所有的物质和能源在经济循环中得到合理的利用。

（4）循环经济所指的"资源"不仅是自然资源，而且包括再生资源；所指的"能源"不仅是一般能源，如煤、石油、天然气等，而且包括太阳能、风能、潮汐能、地热能等绿色能源。注重推进资源、能源节约、资源综合利用和推行清洁生产，以便把经济活动对自然环境的影响降低到尽可能小的程度。

循环经济是对"大量生产、大量消费、大量废弃"的传统经济模式的根本变革（如图 1-1 所示），其基本特征是：

① 在资源开采环节，要大力提高资源综合开发和回收利用率。

② 在资源消耗环节，要大力提高资源利用效率。

③ 在废弃物产生环节，要大力开展资源综合利用。

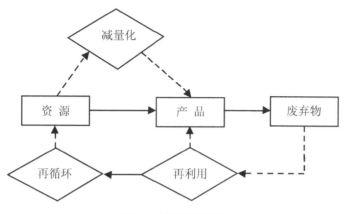

图 1-1 循环经济模式

④ 在再生资源产生环节，要大力回收和循环利用各种废旧资源。

⑤ 在社会消费环节，要大力提倡绿色消费。

四、区域经济理论

区域经济理论，是研究在一定区域内经济发展的内部因素与外部条件相互作用而产生的生产综合体。并与经济要素及其分布密切结合的区域发展实体。区域经济反映不同地区内经济发展的客观规律以及内涵和外延的相互关系。生产资源在一定空间（区域）优化配置和组合，以获得最大产出。生产资源是有限的，但有限的资源在区域内进行优化组合，可以获得尽可能多的产出。

区域经济是特定区域的经济活动和经济的总和。把全国的国民经济看作是一个整体，区域经济就是这个整体的一部分，是国民经济整体不断分解为局部的结果。区域体系是由无数个区域实体组成的，每一个实体都有其自身的特点和运行规律。国家宏观经济智能下按照地域范围划分的经济实体及其运行，都看作是区域经济的运行（http：//www.tushucheng.com，1999）。

（一）区域经济理论的概念

区域经济理论是研究一国范围内某一特定区域的经济发展过程和经济发展条件，以及各个区域之间经济联系及变动趋势的经济科学。是研究生产资源在一定区域优化配置和组合，以获得最大产出的学说。涉及经济学、地理学、环境科学以及人口学、社会学等不同学科的研究领域。区域经济理论的贡献与独到之处就在于它以空间来观察经济现象，对经济活动做出理性的解释和把握。区域经济理论是随着人类社会实践的深入和科学技术的迅猛发展而不断完善的。

(二) 区域经济理论的内容

区位问题历来是区域经济理论研究的重点内容之一，其基本内容有：区域经济发展研究、区域经济关系研究、区域经济应用工具研究。

区域经济发展问题研究包括：

① 要素禀赋问题。

② 增长极问题。

③ 发展差距问题。

④ 区域贸易问题。

⑤ 梯度推移问题。

区域经济关系研究包括：

① 竞争关系。

② 合作关系。

区域经济应用工具研究包括：

① 区域规划。

② 区域政策。

(三) 区域经济理论的特点

(1) 区域性：每一地域都有自己的特点。自然条件、资源条件、文化及语言特点等等，所以每一个区域的经济发展都有自己的特色，包括发展目标、发展原则、发展重点、发展道路和途径等等。区域经济发展必须与当地的具体情况相结合，区域性是区域经济最根本的特点。各个国家和地区的生产要素禀赋不同，这是划分区域产生的基本原因。如果不考虑需求因素的影响，并假定生产要素流动存在障碍，那么每个区域利用其相对丰裕的生产要素进行生产，就处于有利的地位。

(2) 平衡发展性：其核心是外部经济效果，即通过对相互补充的部门同时进行投资，一方面可以创造出互为需求的市场，解决因市场需求不足而阻碍经济发展的问题；另一方面可以降低生产成本，增加利润，提高储蓄率，进一步扩大投资，消除供给不足的瓶颈。平衡发展理论认为，落后国家存在两种恶性循环，即供给不足的恶性循环（低生产率—低收入—低储蓄—资本供给不足—低生产率）和需求不足的恶性循环（低生产率—低收入—消费需求不足—投资需求不足—低生产率），而解决这两种恶性循环的关键，是实施平衡发展战略，即同时在各产业、各地区进行投资，既促进各产业、各部门协调发展，改善供给状况，又在各产业、各地区之间形成相互支持性投资的格局，不断扩大需求。因此，平衡发展理论强调产业间和地区间的关联互补性，主张在各产业、各地区之间均衡部署生产力，实现产业和区域经济的协调发展。

（3）非均衡性：非均衡性也是不平衡性。对于任何一个稍大的地区，其经济发展都不可能是均衡的。有的地方发展水平快些，发展速度高些，有的地方发展水平慢些，发展速度低些。区域经济有一个公平和效率问题，两者必须兼顾。将有限的资源首先投向效益较高的区域和产业，以获得区域经济的高速增长，并带动其他区域、其他产业的发展的战略。由于各国及各地区自然资源禀赋的差异性和社会资源配置的非均匀性，存在经济发展的区域空间差异。区域经济发展的非均衡性是经济发展的普遍规律，西方经济学家在研究区域经济发展规律时提出了许多有关区域经济非均衡发展的理论，主要有循环积累因果原理、增长极理论以及区域经济梯度转移论。我国的非均衡发展战略借鉴了西方发展经济学的理论，是邓小平经济发展理论的重要内容，包括"先富带后富""先沿海后内陆"和"三步走"等内容。它是实现共同富裕的重要途径。

（4）阶段性和连续性：区域经济具有很强的阶段性。每一时期的具有阶段性特点。这种特点也不可能永远存在，根据新的形势，制定新的目标和新的发展方向。整个区域各阶段之间应该是连续性的发展前后衔接的。

（5）开放性：区域经济在生产、流通、消费等等各个领域中通常没有制度、体制、运行机制上的根本差异，人为限制的因素少，具有很多的开放性。

五、经济发展理论

一个国家摆脱贫困落后状态，走向经济和社会生活现代化的过程即称为经济发展。经济发展不仅意味着国民经济规模的扩大，更意味着经济和社会生活素质的提高。所以，经济发展涉及的内容超过了单纯的经济增长，比经济增长更为广泛（朱文兴，2007）。现代经济发展理论进入了一个新的发展时期，许多新的理论与模型相继出现，主要有新经济增长理论、新制度主义、寻租理论、可持续发展理论等，这些理论明显地不同于此前的经济发展理论，因为在这一时期，发展经济学呈现了融合的趋势，包括发展经济学与主流经济学、社会学、政治学、法学、伦理学等学科的融合和经济发展理论内部各学派之间的融合。当然，融合并不是完全的趋同，新的观点必能在融合中产生，而永不消失的学术派别之争则是发展经济学前进的动力。

（一）经济发展理论的概念

经济发展理论是研究在经济增长基础上，一个国家经济与社会结构现代化演进过程的理论。发展经济理论主要是以发展中国家经济发展为研究对象，研究的是发展中国家的增长问题，体系包括宏观发展理论、微观分析理论、结构发展理论等等，研究范畴涉及发展中国家的经济增长速度、二元经济界结构、资本积累和外资利用、人口问题和就业、产业发展战略、技术革命和技术引进、收入分配、对外贸易等模式（孙久文，2006）。传统理论认为：经济发展意味着国家财富和劳务生产增加以及人均国民生产总值提高。这种观点受到了若干国家现实的挑战，一些国家人均国民生产总值迅速增长，但其社会、政治和经济结构并未得到相应改善，贫困和收入分配不公正情况仍十分严重。因此，经济学家把经济发展同经济增长区别开来。前者具有更加丰富的内涵，不仅涉及物质增长，而且涉及社会和经济制度以及文化的演变。既着眼于经济规模在数量上的扩大，还着重于经济活动效率的改进。同时又是一个长期、动态的进化过程。

（二）经济发展理论的内涵

经济发展内涵包括三个方面：

（1）是经济社会结构性的转变，如城乡人口结构、产业结构、就业结构、社会阶层结构、收入分配结构等等的深刻变化。

（2）是经济社会质的方面的改善，如生活质量改善，生态环境良好，文化程度提高，人的素质提高，人力资本积累，经济增长注重效益性等等。

（3）是国民经济量的增长和扩张，如增长速度、人均国民生产总值等指标的变化。

（三）经济发展理论的特点

（1）经济发展强调了生产技术和生产方法的变革在人类历史发展中的作用，提出了不断"创新"（建立一种新的生产函数）和"新组合"（一种从来没有过的关于生产要素和生产条件）引入生产体系。

（2）经济发展是变动（来自内部自身创造性的一种变动）和发展（熊彼特，1934）。

（3）经济发展包括以下五种情况：①引进新产品；②引用新技术，即新的生产方法；③开辟新市场；④控制原材料的新供应来源；⑤实现企业的新组织。按照熊彼特的看法，"创新"是一个"内在的因素"，"经济发展"也是"来自内部自身创造性的关于经济生活的一种变动"。我们认为，这种观点有一定的合理成分。

六、和谐发展理论

（一）和谐发展理论概述

和谐是一个系统理论与系统分析的综合框架；和谐描述的是事物的内在联系，是事物内在联系之规律的精髓，是事物存在的本质特征，是事物静止的一种表现形式。凡是存在的都是合理的，凡是存在的也都是和谐的。没有事物的和谐也就不会有事物的存在，和谐发展理论正是揭示事物内在联系之规律的理论。

和谐发展理论是指任何系统之间及系统内部的各种要素都是相关的，且存在一种系统目的意义下的和谐机制。和谐机制在最大程度上与效率是一致的。不和谐态是绝对的，和谐则是相对的。和谐管理的目的即是使系统由不和谐逐步趋近和谐的状态（席西民，1989）。

（二）和谐发展理论的内涵

（1）注重资源的系统整合：从系统论的角度来看待和谐管理问题，不仅一个大系统需要和谐，而且各个子系统也需要和谐。系统整合与和谐管理是建立在一定的资源约束条件下的，即环境因素、人的不确定性及能动作用、客观要素的可控性、管理成本的限制、管理过程的客观性和人为干预。这就需要高度重视发挥资源配置的调控作用，将资源重点投向有需求、有效益的地方，实现企业的规模效益。企业要整合好系统的规模和效益，整合好资源优势，因为这是企业和谐发展的大计。所以，作为和谐企业必须注重人力资源、物力资源、信息资源等资源的系统整合与匹配、协调，注意有形资产与无形资产的使用与保护、发展与创新，注重人财物、产供销各个子系统在动态流程上的提升与衔接发展。

（2）注重人与自然的关系：随着科学技术的飞速发展和社会生产力的极大提高，人类在创造大量财富的同时，也造成了环境污染和生态破坏的严重问题，客观上威胁着人类自身的生存与发展。因此，必须树立人与自然和谐发展的科学发展观，走人类社会发展与环境保护兼顾的可持续发展道路，走绿色管理、循环经济的道路。

（3）注重跨文化管理：自 20 世纪 90 年代以来，国际上跨国公司收购、兼并、重组的浪潮一浪接着一浪。经过重组的跨国公司普遍存在着文化差异及调适问题。跨文化管理成为跨国公司的管理模式之一。跨文化管理的着力点首先在于，跨国公司的产品和服务的消费者具有不同的文化，他们有着各自独特的个性需求，只有按照不同的个性需求提供多元的产品和服务才能为他们所接受。其次，跨国公司的员工有着不同的文化背景，其融合有着正反两方面的效应，如果处理不当会影响公司运作的效率和效益。再次，跨国公司的管理者具有不同的文化背景，他们在价值观念、领导方法与管理风格上迥然不同。如何通过整合使其相得益彰，仍然是值得深思的重要问题之一。

和谐理论的根本内容是和谐理论与社会实践相联系成为和谐社会的建设实践。和谐社会的建设是人与自然、人与社会共同体中的他人、人与自我内在统一、协调发展的整体性实践，它要求人类的实践方式实现根本转变，即从征服性、掠夺性、控制性、对抗性的实践方式转变为协调性、对话性、伙伴性的实践方式，从而实现矛盾双方的良性互动、互利双赢（陶火生，2007）。

（三）和谐理论的特点

和谐是发展中的和谐，发展则是和谐中的发展，从和谐到发展，再经过发展达到新的和谐，在和谐中实现发展，在发展中寻求和谐。和谐是多元的、共赢的、共享的发展理论，构建社会主义和谐社会，就是要实现"民主法治、公平正义、诚信友爱、充满活力、安定有序、人与自然和谐相处"。这六个方面，体现了和谐社会的本质特征（胡锦涛，2005）。

七、产业经济理论

产业经济学完整的理论体系虽然形成较晚，但其思想源远流长，甚至可以追溯到中国古代的春秋战国时代。现代产业经济学的理论基础则来源广泛，遍及马克思主义经济学、西方宏微观经济学、新制度经济学等各个经济学领域。产业经济学在当代中国，在邓小平理论的指导下又有新的发展（史忠良，1999）。产业经济学从作为一个有机整体的"产业"出发，探讨在以工业化为中心的经济发展中产业间的关系结构、产业内企业组织结构变化的规律以及研究这些规律的方法。产业经济学的研究对象是产业内部各企业之间相互作用关系的规律、产业本身的发展规律、产业与产业之间互动联系的规律以及产业在空间区域中的分布规律等。

（一）产业经济理论概述

产业经济理论是以产业分析理论和产业政策实践为背景的一门新兴的应用经济学，是现代经济学的重要组成部分。产业经济学融产业经济理论与产业政策为一体，具有很强的应用经济性质，既有联结宏观经济和微观经济的中观层次，又有不同于宏观经济学和微观经济学的经济哲学基础，由此构成了独具特色的研究对象和领域（史忠良，1999；Ideas L，1999）。

（二）产业经济理论的内容

产业经济理论是产业内部各企业之间相互作用关系的规律、产业本身的发展规律、产业与产业之间互动联系的规律以及产业在空间区域中的分布规律等。主要包括产业结构、产业组织、产业发展、产业布局和产业政策等。经济发展中产业之间的关系结构、产业内的企业组织结构变化的规律、经济发展中内在的各种均衡问题等。通过研究为国家制定国民经济发展战略，为制定产业政策提供经济理论依据。产业经济是居于宏观经济于微观经济之间的中观经济，是连接宏微观经济的纽带。产业经济学包括：

（1）产业组织理论。产业组织理论主要是为了解决所谓的"马歇尔冲突"的难题，即产业内企业的规模经济效应与企业之间的竞争活力的冲突。

（2）产业结构理论。产业结构理论主要研究产业结构的演变及其对经济发展的影响。它主要从经济发展的角度研究产业间的资源占有关系、产业结构的层次演化，从而为制定产业结构的规划与优化的政策提供理论依据。产业结构理论一般包括：对影响和决定产业结构的因素的研究；对产业结构的演变规律的研究；对产业结构优化的研究；对战略产业的选择和产业结构政策的研究；产业结构规划和产业结构调整等应用性的研究等。

（3）产业关联理论。产业关联理论又称产业联系理论，侧重于研究产业之间的中间投入和中间产出之间的关系，能很好地反映各产业的中间投入和中间需求，这是产业关联理论区别于产业结构和产业组织的一个主要特征。产业关联理论还可以分析各相关产业的关联关系（包括前向关联和后向关联等），产业的波及效果（包括产业感应度和影响力、生产的最终依赖度以及就业和资本需求量）等。

（4）产业布局理论。产业布局是一国或地区经济发展规划的基础，也是其经济发展战略的重要组成部分，更是其实现国民经济持续稳定发展的前提条件。产业布局理论主要研究影响产业布局的因素、产业布局与经济发展的关系、产业布局的基本原则、产业布局的基本原理、产业布局的一般规律、产业布局的指向性以及产业布局政策等。

（5）产业发展理论。产业发展理论就是研究产业发展过程中的发展规律、发展周期、影响因素、产业转移、资源配置、发展政策等问题。对产业发展规律的研究有利于决策部门根据产业发展各个不同阶段的发展规律采取不同的产业政策，也有利于企业根据这些规律采取相应的发展战略。

（6）产业政策研究。从纵的方向来看，包括产业政策调查（事前经济分析）、产业政策制定、产业政策实施方法、产业政策效果评估、产业政策效果反馈和产业政策修正等内容；从横的方向来看，包括产业发展政策、产业组织政策、产业结构政策、产业布局政策和产业技术政策等几个方面的内容；从其作用特征来看，包括秩序型（或称制度型）产业政策以及过程型（或称行为型）产业政策。

（三）产业经济理论的特点

（1）突出重点。产业经济学的核心理论框架是"三论"，即规律论、结构论、组织论。事物的性质是由其主要矛盾的主要方面决定的，所以这一学科的研究重点应放在"三论"上，不与其他学科重复。

（2）突出宽口径、厚基础原则。为了把"三论"这个核心内容研究好，还必须以宏观理论为指导。没有宏观理论指导，就会失去宏观上的检验标准。

（3）突出科学发展观。

（4）突出和谐发展（Jeffrey Church & Roger，2000）。

八、党的十七大文献的生态理论

（一）党的十七大生态理论概述

党的十七大提出要建设生态文明，基本形成节约能源资源和保护生态环境的产业结构、增长方式、消费模式。倡导生态文明建设，不仅对中国自身发展有深远影响，也是中华民族面对全球日益严峻的生态环境问题做出的庄严承诺，更是当今中国生态经济建设具体性、方向性、指导性的文献（胡锦涛，2007）。

（二）我党城镇化理论的内涵

（1）资源节约，环境友好。经济发展从根本上要由主要依靠增加物质资源消耗向主要依靠科技进步、技术开发、自主创新、劳动者素质提高、管理创新转变，提高能源的供给力和环境的承载力，实现社会可持续发展。

（2）转变经济发展方式。从经济增长方式到进一步转变经济发展方式的理论是对新经济发展全面深刻的认识。转变，主要依靠提高资源利用效率来实现经济增长的集约型增长方式，包括结构、质量、效益、生态平衡和环境保护等方面的转变。发展，较之增长具有更广泛的含义，它既包括产出扩大，也包括分配结构的改善、社会的变迁、人与自然的和谐、生活水平和质量的提高，以及自由选择范围的扩大和公平机会的增加。经济增长强调财富"量"的增加，而经济发展强调经济"质"的提高（新华社，2007 年 11 月 26 日）。

（3）发展环保产业。必须加强农业基础，建设现代农业产业。建设生态城镇是节能降耗、维护环境的重要环节；加快发展现代服务业，使经济发展降低对资源和能源的依赖度，推动产业结构优化和升级，也是产业经济学应当关注的重点领域。

（4）建立新型消费模式。没有消费也就没有生产，消费的观念和行为也影响着生产。新的消费模式应该既包括生活消费，也包括生产消费。要实现经济和社会的可持续发展，消费模式是一个重要的变量，新型消费模式应是低浪费、无污染环保的现代生活的"生态文明"。

（三）我党生态经济理论的特点

（1）体现了人们尊重自然、利用自然、保护自然，与自然和谐相处的文明形态，是对科学发展、和谐发展理论的进一步发展。

（2）"生态文明"要求在全社会大力倡导环境保护意识，构建生态文化，大力弘扬人与自然和谐相处的价值观，提倡从我做起，倡导绿色消费，形成节约消费光荣、挥霍浪费可耻的良好社会风尚（http：//www. youth. cn，2007）。

九、低碳经济理论

2005 年 2 月 16 日，《京都议定书》正式生效。这是人类历史上首次以法规的形式限制温室气体排放。为了促进各国完成温室气体减排目标，议定书允许采取以下四种减排方式：

（1）两个发达国家之间可以进行排放额度买卖的"排放权交易"，即难以完成削减任务的国家，可以花钱从超额完成任务的国家买进超出的额度。

（2）以"净排放量"计算温室气体排放量，即从本国实际排放量中扣除森林所吸收的二氧化碳的数量。

（3）可以采用绿色开发机制，促使发达国家和发展中国家共同减排温室气体。

（4）可以采用"集团方式"，即欧盟内部的许多国家可视为一个整体，采取有的国家削减、有的国家增加的方法，在总体上完成减排任务。

《京都议定书》的签署是为了人类免受气候变暖的威胁。《京都议定书》指出：各国要共同承担减排义务，发达国家从 2005 年开始承担减少碳排放量的义务，而发展中国家则从 2012 年开始承担减排义务。这种有区别的责任是基于一种公平原则，地球大气层中那些排放的二氧化碳，现如今全人类要采取一致行动来遏制气候变化。

低碳转型的一个核心标志就是能源革命，在能源结构上要大力降低基础能源的使用比例，提高核能、风能、太阳能等可再生能源的比例。

实现中国经济的低碳转型，促进整个国民经济走向低碳化的关键领域是低碳交通、低碳消费、低碳生活和能源生产、传输和利用效率的提高。

中国从 20 世纪 70 年代中期就出现生态赤字，每年需要的生物承载能力大于其自身生态系统的供给能力。低碳转型不仅是生产之本，更是发展之本，既是经济发展方式转变的原因，又是转变的方向（熊焰，2010 年）。

第二节　生态经济与经济增长

国民收入的增长，其基础是技术进步、制度变革和意识形态的调整。是指一国生产的商品和劳务总量的增加，即国民生产总值的增加或人均国民生产总值的增加。经济增长只体现在经济总量的指标数据上的增长；经济发展除了看经济总量的指标数据的增长，还包括其他方面的数据，比如说经济结构的调整，对环境的影响等。

一、经济增长及其影响因素

（一）经济增长

经济增长通常是指一个国家或地区在一定时期内由于生产要素投入的增加或效率提高等因素导致的总产出（总收生入）或人均产出（人均收入）的增加。总产出通常用国内生产总值（GDP）来衡量。在经济学中，经济增长通常被定义为产出的增加，这里，产出既可以表示为经济社会的总产出，也可以表示为人均产出。因此，经济增长的程度可以用增长率来表示。

如果用 Gt 表示总产出增长率，用 Yt 表示 t 时期的总产出，用 $Yt-1$ 表示（$t-1$）时期的总产出，则总产出的增长率可表示为：

$$Gt = (Yt - Yt - 1)/Yt - 1$$

如果用 gt 表示人均产出增长率，用 yt 表示 t 时期的人均产出，用 $yt-1$ 表示（$t-1$）时期的人均产出，则人均产出增长率可表示为：

$$gt = (yt - yt - 1)/yt - 1$$

GDP 增长率的高低体现了一个国家或一个地区在一定时期内经济总量的增长速度，也是衡量一个国家总体经济实力增长速度的标志。但是 GDP 不能说明产品和劳动的种类，更不能计量经济增长过程中由于资源消耗、环境污染等所导致的社会代价，也不能反映消费的状况，难以充分反映一国人民的生活质量和幸福满意度。

（二）影响经济增长的因素

直接因素：①投资量；②劳动量；③生产率；④技术进步。

间接因素：①政治；②贸易；③整体环境；④消费水平；⑤教育和科技；⑥社会精神文明建设程度；⑦外交关系等因素。

二、绿色产业经济发展的条件和方法

绿色产业经济系统是指"社会—经济—自然"复合生态系统，它既包括物质代谢关系、能量转换关系及信息反馈关系，也包括结构、功能和过程关系，具有生产、生活、供给、接纳、控制和缓冲功能。

（一）绿色产业经济发展的条件

（1）建立相对稳定的生态发展机制。绿色产业经济系统包含自然子系统和社会经济子系统。自然子系统和社会经济子系统之间的反馈机制是一个正负的双向反馈，如果自然资源的承载能力提高，社会经济的发展速度就会加大，反之，社会经济发展速度加快，必然会加大对自然资源的开发强度，以致对自然资源造成破坏。所以，如果要维持它们相互之间的关系而实现协调发展，必须要靠它们相互之间的正负反馈调节来保持一个相对稳定的发展机制，这是绿色产业经济发展的前提。绿色产业经济开发必须建立健全其制度运行机制及其制度机制。主要包括法律约束机制和资源评价机制，这是整个运行机制的基础，是其他机制形成和运行的依据，它体现的是依法开发和按规律开发。同时，要完成经济转型必须建立一整套新的经济制度体系。通过一定的制度安排，规范引导经济运行。国家经济综合部门要制定产业政策，鼓励发展资源消耗低、附加值高的高新技术产业、服务业和用高新技术改造传统产业。

（2）绿色产业经济发展系统保持一定弹性度。实现绿色产业经济可持续发展，必须要做到资源的可持续承载和环境的可持续承载，使绿色产业经济系统保持一定弹性，这是绿色产业可持续承载的基础、制约、支持条件。传统的资源依赖过量消耗型、粗放经营的经济增长方式转变到经济、社会与生态、协调发展的模式上来，并且进入到经济结构调整之中，以"协调""减量"和"循环"为主要手段，落实到各个环节，从而达到节约资源和保护环境的目的，这是绿色产业经济发展的环境基础。

（3）发展绿色产业经济的关键在于加速经济转型。经济转型的本质是产业提升、产业互补，是可持续性的培育，是产业结构调整和产业竞争力提高的结合。即要按照生态经济理论和科学发展观的要求，从传统的资源依赖过量消耗型、粗放经营的经济增长方式转变到经济、社会与生态、协调发展的模式上来。我国的许多学者认为，绿色产业经济是指人们按照自然生态规律，效法自然，获得主观能动性，把传统生产力的经济社会转移到良性循环的生态经济的轨道上来。经济转型，必须坚持科学发展观，以人为本，走绿色化、特色化、多元化、现代化、可持续的发展道路。

实现经济转型必须重视实际需要，这种需要可以分为两个主要方面，一是客观需要，一是主观需要，这两方面必须同时具备。主客观条件问题，必须组织专门的技术性机构，配备专门的研究人员。具体转型过程中要坚持实事求是的技术路线，做深入的调查研究，做细致的技术性预测分析。

（二）绿色产业经济发展的方法

"绿色产业经济"是指在生态系统承载能力范围内，运用生态经济学原理和系统工程方法改变生产和消费方式，挖掘一切可以利用的资源潜力，发展一些可持续、节约能源的产业，建设体制合理、社会和谐的文化以及生态健康、景观适宜的环境，实现社会主义市场经济条件下经济腾飞与环境保护、物质文明与精神文明、自然生态与人类生态的高度统一和可持续发展。

从 20 世纪 90 年代起，绿色产业经济进入快速增长期，绿色产业成为全球经济增长最具有潜力的"朝阳产业"之一，并迅速扩展到第一、第二、第三产业的各个领域。

① 循环经济是按照生态规律利用自然资源和环境容量，将清洁生产和废弃物综合利用融为一体的经济，其本质是一种绿色产业经济。

② 绿色消费是指既满足人的生存需求，又满足环境资源保护需求的一种消费方式。

③ 生态与旅游组成生态旅游复杂系统。

④ 生态与文化组成社会文明、和谐发展、自然与社会的统一。

三、绿色产业经济对经济增长的意义

（1）发展绿色产业经济，实现经济增长方式的转变。发展绿色产业经济，加快经济结构调整，就是要把经济变革引向一条维系环境永久不变的发展道路上，就是合理利用自然资源和环境容量，将清洁生产和废物利用融为一体，实行废物减量化、资源化和无害化，使经济系统和谐地融入自然生态系统的物质循环过程中，实现经济活动的生态化。

（2）发展绿色产业经济，提升经济增长的量和经济发展的质。发展绿色产业经济，很可能会在逐渐淘汰一些老行业的同时带给我国一些目前尚不存在或者刚刚开始出现的重要新产业、新行业。如提高水的生产力的行业，就是绿色产业大发展的行业，为了对现有水资源实施最有效的管理，差不多所有国家都会把注意力转到对流域水文的资源管理上。灌溉技术将变得更有效率，城市废水的再循环利用将变得普遍起来。另外，绿色产业发挥突出作用的行业，必然是可减少能源浪费的行业，如多媒体、网络商务等。绿色产业经济的再架构还会创造出若干新的工作职位，如生态经济学家、环境设计师、地热地质学家、畜牧专家等这些会直接或间接的影响经济增长的量和经济发展的质。

（3）发展绿色产业经济，增强经济增长的承载力。环境是人类最基本的公共产品，是各种经济主体生存和发展的载体，它所产生的环境效益、品牌效益和经济效益，已成为区域竞争力的重要组成部分。以科学发展观为指导，加快生态经济区域的建设，需要更新观念，加快科技与人才建设，加强区域规划管理，要树立生态经济新观念，强化环境意识。

第二章　城镇绿色产业经济发展概述

第一节　城镇绿色产业经济研究现状述评

一、国际绿色产业经济研究现状评述

20 世纪 80 年代末期，英国经济学家皮尔斯在《绿色经济蓝皮书》一书中首次提出绿色经济的概念。绿色经济在基本经济元素中加入"社会组织资本"（social and organization capital，SOC），此处的社会组织资本，皮尔斯特别指出，是绿色经济所需要的"组织"，它区别于一般意义上的商业团体或其他组织，而是由"人类的健康、智识、技艺及动机"形成的主观和客观的综合体；这里的"资本"，特指自然力、人权和法理的共同资本。

绿色经济得到了世界各国政府和经济学家的广泛重视。国际绿色产业联合会将绿色产业定义为："如果产业在生产过程中，基于环保考虑，借助科技，以绿色生产机制力求在资源使用上节约以及污染减少（节能减排）的产业，称为绿色产业。"

绿色经济与绿色产业的基础理论与生态经济理论发展是相一致的。20 世纪 60 年代以来，发达国家在现代化的基础上，积极探索高效生态经济发展理论及其模式。美国在这一研究领域首先提出了高效生态经济的概念，并将这一概念运用于生态系统与经济系统中进行系统研究，带动和促进了环境科学及环境经济学体系的形成。英国、法国、以色列、德国等国家最早将生态经济理论运用于农业及工业生产，并将绿色食品打入国际市场，赢得了国际消费大众的青睐，在生态产业领域打开了第一个缺口。进入 20 世纪 80 年代以后，世界各国都在充分利用生态经济理论，积极致力于高效生态经济发展（阿瑟·刘易

斯，1983）。发达国家关于发展高效生态经济的理论，对于推动世界各国生态经济的发展，起到了积极作用。

在生态经济理论发展的同时，可持续发展理论也在形成和发展。布伦特兰夫人在世界环境与发展委员会的报告《我们共同的未来》中正式提出了可持续发展的概念，即人类社会在经济增长的同时如何适应生态环境的承载能力，实现人口、环境、生态、资源与经济的协调发展。《21世纪议程》对可持续发展能力有着明确和全面的阐述：可持续发展能力取决于在其生态和地理条件下人民和体制的能力，具体包括地区人力、科学、技术、组织、机构和资源方面的能力的培养和增强。能力建设的基本目标就是提高对此发展模式评价和选择的能力，这个能力提高的过程是建立在国家和人民对环境限制与发展要求之间关系的正确认识的基础上的（毛传新，2007）。

总体来说，国外生态理论和生态经济模式主要有如下几种：

（1）用生态经济理论指导农业和工业，按照生态经济学关于自然生态与社会经济相互促进、协调发展的理论以及可持续发展理论，发展生态农业和生态工业，提升区域竞争力。

（2）系统研究生态经济的结构、功能及运行规律，促进生态经济发展。生态经济主要是由生态系统、经济系统、技术系统等三大系统组成，如图2-1所示。

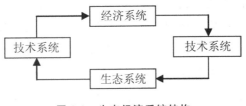

图 2-1　生态经济系统结构

（3）借助于生态高科技和高技术，积极进行转基因研究，促进克隆技术进步，实现基因领域的重大突破。把生态技术作为解决区域综合发展的动力，积极寻找创造性的发展途径。

（4）发达国家将生物领域的高新技术转向产业化，并通过发展高效生态经济，加快对原有传统产业的改造和提升。

二、国内绿色产业经济的研究现状

在中国，绿色经济起步虽然晚于一些发达国家，但绿色产业基础和绿色产品的良好市场，给我国发展绿色经济注入活力。如我国的光伏产业的发展，尽管遭到美国和欧盟的抵制和反倾销，但产业发展速度之快、产量之大，在世界处于领先地位；我国清洁能源的发展居世界第一，累计安装风电机组已达2580万千瓦，居全球第二；国内一些经济发展水平较高的城镇，也已将低碳经济和低碳产业作为未来经济发展的方向。在低碳示范区，打造新的经济增长点，成为城镇化建设中新的经济运行模式。

（一）城镇产业经济研究现状

城镇经济发展引起了党和各级政府的高度重视，学术界也进行了比较深入的研究，并提出了城镇经济发展的思路与措施，综合起来有如下几种观点：

（1）农民利益保护论。中国社会科学院农村发展研究所课题组认为，要按照"三个代表"重要思想理解"三农"问题。在有关农村发展问题的研究中贯彻落实"三个代表"重要思想，就体现为这些研究要为中国最广大人民的最根本利益服务，首先要为占中国人口70%的农民群众服务，要使这些研究有利于增进中国农民群众的福祉，有助于"保障农民的物质利益、尊重农民的民主权利"这一基本准则的真正落实。刘修民认为，农民问题是贯穿东方社会历史过程的大问题。农民是东方社会人口构成的主体，也是社会构成的主体。在中国，只要农民占人口构成的大多数，就必须把农民看成是立国的基础，是中国现代化发展中不可缺少、不能忽视的力量。要了解农民的生存处境，正确地理解农民，研究农民的现实需求与发展愿望，制定相应的农村政策。宫希魁强调，解决中国的"三农"问题必须以人为本，离开了对农民作为"人"的终极关怀，不从根本制度和体制上解决农民的身份歧视或社会地位问题，"三农"问题就不会有一个令人满意的结果。解放农民，还农民一个平等的社会地位，是解决"三农"问题的关键所在。要在义务教育、户籍管理、迁徙自由、市场准入、劳动就业、公共物品作用、民主参与等领域逐步取消对农民的歧视性限制。林光彬认为，农民的等级平等权不落实，国民待遇不改善，"三农"问题就不可能解决。武力认为，一切认识和决策的前提应该是尊重和保护农民的自主权，不能以所谓整体的利益、长远的利益为借口，剥夺或损害农民当前的利益。李昌平呼吁给农民同等的国民待遇，应该给农民同等的民主政治权利、同等的赋税权利、同等的国民财富占用权、同等的自由迁徙权利、同等的人身和财产的安全保障权利和同等的发展权利。必须回报农民、尊重农民、依靠农民。回报农民就是要取消农民负担，且国家要逐步承担起农村义务教育和医疗卫生保健；尊重农民就要改革县乡基层政府；依靠农民是让人民群众监督管理基层政府。丁宁宁不同意"城市化是提高农民收入最终出路"的观点，他认为这是把结果当成了手段，逻辑上自相矛盾。在城乡收入差距明显扩大的今天，重要的是要认清农民属于现代化过程中的弱势群体这一基本事实，敦促政府更多地承担起援助农民和维持社会稳定的责任。

（2）城乡统筹发展论。党的十六大报告提出了要用城乡统筹的眼光解决中国的农业、农村和农民问题。其中，既要建设现代化农业，也要进一步促进农村经济的发展，还要增加农民的收入，而这些问题的解决，不可能封闭在农村内部，要和城市结合起来，包括加快推进中国的城镇化，使更多的农业人口转移到城市中去从事非农产业，形成一个城乡统筹的格局，逐渐为解决中国的农业、农村、农民问题找到一个新的前途。许经勇认为，长期保留和发展作为一个相对独立的农村社会经济领域，是不可能最终解决农村的社会经济问题的。只有改变传统的城乡社会分工格局，把过去集中到城市的非农产业不断扩散到农村去，才有利于合理地配置生产要素，才有可能从根本上克服作为相对独立系统的城市领域与农村领域所必然产生的一系列矛盾，并为整个社会经济系统的协调发展开辟广阔前景。

（3）结构调整论。陆学艺建议，要从战略上考虑调整城乡关系，逐渐改变"城乡分治，一国两策"的格局。我们要建设的是十几亿人口的统一的大市场，而不能继续搞城乡分割的两个市场，把9亿农民堵在城外。必须改革现行的户籍制度，打开城门、镇门，广开农民的就业门路，再一次解放农民，改变"城乡分治，一国两策"的格局是一个方向。当然，这样大的改变或转变，需要一系列配套的法规和政策出台，要逐步分阶段实施，继续搞城乡分治是不行了。郭树清认为，在我国目前的国民经济结构中，一方面产出结构不尽合理，另一方面就业结构的转换速度也滞后于产出结构的转换，这样的状况存在着相当的缺陷，亟待进行重大调整。现阶段"三农"问题不过是整个国民经济结构不合理的一个缩影。因此，"三农"问题实际上绝不仅仅是单纯的农业、农村、农民本身的问题，"三农"问题的解决必须通过调整国民经济大的产业结构来实现。推进农业和农村经济结构调整和增加农民收入，需要通过改善和优化总体经济结构，大力发展第三产业等途径来实现。

（4）就业优先论。吴敬琏认为，在我国每个农村居民只占有1亩多耕地的条件下，即使不顾客观经济规律而把农产品收购价提高一倍甚至几倍，农民的收入水平也难有大的提高，他们的生产和生活设施也难有大的改善。实现大量的农村剩余劳动力向非农产业的转移，是顺利地实现工业化和城市化的中心环节。党和政府在做出决策时，要把有利于农村剩余劳动力转移和增加就业作为最重要的指导方针，要大力发展中小企业，为实现农村剩余劳动力转移创造必要的条件。我国最基本的国策除了计划生育之外，还应该再加上一个就是"就业最大化"。樊纲认为，那种想在与农业有关的范围内解决问题的想法是没有出路的。他认真分析了他所谓的三个"不是出路"的问题：中国农业经营规模小，不是一个技术问题，而是一个人口的问题，一个就业和收入的问题；很难靠提高农产品价格来维持农民的收入；土地承包制在相当长时间内还不能变。中国农业问题以及农村问题的根本出路在于工业化，即农村人口就业的非农产业化，或称"农民的非农产业化"；也就是多数以至绝大多数农民（80%以上）最终都能在非农产业中获得稳定的就业。

（5）农村基础设施投资论。林毅夫指出，农村地区与生活有关的基础设施仍然十分落后，大大地限制了农民对现代消费品的需求。不是收入水平，而是基础设施不足是限制广大农村地区的居民实现其消费意愿的主要原因。以积极的财政政策来加快农村基础设施建设是启动国内需求、消除过剩生产能力最有效的措施，也是当前实现农村劳动力就业和农村产业结构调整，增加农民收入的首要政策。徐祥临强调，当前农民增收的渠道基本上有三条：一是发展商品性农业；二是兴办乡镇企业；三是进城务工。但目前这三条农民增收渠道中的供求关系都发生了不利于农民的变化，因此，农民增收难的问题仍很突出。因此，必须开辟农民增收的第四条渠道，即政府应该大规模地向农村基础设施建设领域投资，增加农民收入进而提高农村的购买力，产生农民增收的乘数效应。

（6）市场化带动论。晓亮认为，从长远的观点来看，解决我国县域经济发展问题，必须把融入和适应国内外大市场作为出发点和落脚点。以往那种自我封闭、自给自足的壁垒必须彻底打破。土地要能够流转起来，向种田大户集中，农业的结构要根据市场的需求进行调整，生产要专业化，产品要特色化，经营要多样化；农村剩余劳动力要向非农产业转移，向城市转移；农村城市化的步伐应当加快。这样才能逐渐改变我国经济的二元结构，"三农"问题才能成为我国市场经济的有机组成部分，与现代化的城市互相促进，共同发展。罗伟雄认为，解决"三农"问题必须彻底铲除它赖以长期存在的经济、政治和文化基础。要摧毁这个基础，即要彻底改变一家一户就是一个生产单位的这种分散的自然经济状况，最好的办法，最好的武器就是发展市场经济。通过发展市场经济，可以彻底改造自给自足的自然经济，大大推进我国经济信息化、政治民主化、组织社会化、思想现代化的进程，从根本上解决我国的"三农"问题。

（7）城市化推进论。王建认为，解决农村问题的出路在于城市化，过去，城市化发展严重滞后于工业化，特别是农村工业"离土不离乡"的政策，使中国经济增长中始终有一块巨大的增长和就业空间没有释放出来。根据东南亚国家的工业化经验，农村劳动力向外部转移过程中，在二、三产业就业的比例平均为 1∶3，而我国在改革开放 20 年中才勉强达到 1∶1，在农村内部甚至是 1.5∶1。服务产业就业人少是因为城市人口比重低，由此而言，中国并非没有了外部需求拉动就没有了高速增长，只要把城市化与服务产业的增长空间释放出来，仍然可以靠内需拉动经济高速增长。

城镇产业经济作为国民经济的基本单元，因其具有确认的区域范围和功能、地域特色鲜明的区域经济体系、较为明确和完整的市场调控主体，以及一定的相对独立性和能动性等特点，成为国家推广循环经济的有效载体。城镇产业经济在全国经济发展中占据较高的份额，一些发达地区的城镇产业经济快速发展，已成为我国国民经济发展中最具活力的亮点。城镇化建设在新的发展时期表现出鲜明的时代特征：

① 随着社会主义市场经济体制的建立和完善，形成了以市场为导向的基于城镇化经济要素禀赋的特殊经济。

② 发展城镇经济成为全面建设小康社会、推动和谐社会发展的重中之重。

③ 中心城镇对农村的辐射带动作用增强，城镇经济发展产生了内生积累和外在推动力。

④ 建设社会主义新农村，为城镇经济注入了新的动力。

⑤ 城镇是统筹区域城乡发展、落实科学发展观的基础性操作平台。

⑥ 工业化、城镇化、生态化成为今后区域经济发展的主要目标和基本方向。

⑦ 城镇生态经济发展产生了消除体制和机制障碍的新动力，为行政体制改革进行了有益的探索和尝试，并积累了经验。

⑧ 城镇经济发展多元化，不断催生出新的发展模式（王学文，2007）。

《中国 21 世纪议程》认为，在保持经济快速增长的同时，依靠科技进步和提高劳动者素质，不断改善发展质量，提倡适度消费和清洁生产，控制环境污染，改善生态环境，保持可持续发展的资源基础，建立"低消耗、高收益、低污染、高效益"的良性循环发展模式。我国国民经济和社会发展"十二五"计划及未来的远景目标规划把可持续发展作为跨世纪的战略任务（联合国，1992；中国，1994）。

发挥优势打造绿色产业发展之路是振兴城镇经济的关键。城镇经济的振兴，只能依托本地优势，发展绿色产业经济。

城镇经济模式的选择：

① 传统经济发展模式：将经济总量的增长放在首位，走先发展、后治理的道路。

② 循环经济发展模式：按照自然生态系统的模式组织经济活动，是实现可持续发展战略的最优途径（湛果和张明举，2004）。

徐敏在《资源型县域经济新兴主导产业的选择与培育》一文中认为，资源型县域经济既是县域经济的一个重要类型，又兼具资源型城镇的特点。资源型县域经济新型主导产业的培育模式有：

① 新型产业对原有产业的替代模式：选用合适产业，直接植入新型的县域经济，从而较为彻底地改变对自然优势的依赖，建立新的区域体系。

② 产业链扩展模式：通过对原有主导资源产业进行产业纵向发展和技术进步及产业改造，扩展原有产业链，增加产品的加工深度。提高资源的附加价值，从而带动区域产业的转型和区域的可持续发展。

③ 多元模式：主要适用于那些虽然对资源开发依赖性很强，但也具有一定其他产业优势的资源型县域经济。

（二）绿色产业经济研究现状

绿色产业经济发展研究始于 20 世纪 80 年代末期，以《绿色经济蓝皮书》为代表，引发了人们对绿色经济问题的思考。国内绿色产业的研究晚于一些发达国家。我国绿色产业的兴起与发展，仅仅走过了 20 多年的历程，而最近几年，随着我国和世界各国对绿色食品需求量的迅猛增加，绿色食品产业的发展势头强劲，绿色产品的生产与技术开发水平在日益发展和提高。绿色农业发展成为绿色产业发展的突破口，无污染、无公害的绿色食品在国际市场的交易量日趋增加；以森林公园、自然保护区、野生动物园和"生态农业园"为主，绿色旅游产业顺应了城市居民回归自然的愿望与要求，已成为一些城镇的主要收入来源。绿色工业企业、清洁生产、环境标志的认证、ISO14000 系列标准的推广，使我国经济增长方式的转变和实施绿色环境标志管理逐步深化，也缩短了与发达国家的差距。我国已初步建立起适合我国国情的与绿色产业发展相关的法律法规体系，先后修订了和制定了 6 部环境保护法律规定、9 部自然资源管理法、30 多部自然与环境保护行政法规，整个绿色产业已基本做到有法可依，有章可循，也开发了具有竞争力的绿色新产品。

绿色产业的发展是随着生态产业的发展而发展，随着生态经济的变化而变化的。

20 世纪 80 年代，我国开始提出生态、社会、环境、经济一体化的概念。随着工业化、城镇化的发展，以及对自然资源的过度开发和利用而导致生态失衡、环境恶化、水资源严重缺乏、沙尘灾害日益严重，社会经济与生态环境的矛盾日益尖锐。

生态经济解决了生态系统的矛盾之后，要达到科学的发展，还必须考虑社会系统，即发展可持续经济。可持续经济研究的是生态经济社会复合系统由不可持续发展向可持续发展状态的转变及维持其可持续发展动态平衡状态所需要的经济条件、经济机制及其综合收益。张明军认为，改革开放以来，中国 GDP 以 9.3% 的高速度增长，经济建设取得了举世瞩目的成就，但也付出了沉重的环境代价，为此，学者们纷纷提出了绿色 GDP，即从现行 GDP 中扣除经济建设带来的环境资源成本和环境资源保护服务费用后得出的净值。

循环经济和生态经济是同一人在同一时代提出的，Kenncth Boulding 在他的《宇宙飞船经济》一书中，把污染视为未得到合理利用的"资源剩余"。

环境是人类社会长期发展所依赖的生态体系。环境污染有的是经济活动对自然和环境加以利用而导致环境的直接损失，这是因为人类活动带有满足自身需求的明确目的性；有些是经济活动不带有伤害环境的目的，但事实上造成生态的间接性损失；还有就是前两者伤害在自然生态系统内的外溢性损失。

李敏在其《生态构建社会城乡统筹的生态绿地系统》一文中认为，生态县镇的社会、经济、环境、生态发展主要体现在三个方面：①社会生态化，人们拥有自觉的生态意识和环境价值观，人口素质、生活质量、健康水平与社会进步及经济发展相适应；②环境生态化，社会经济发展以保护自然为基础，与环境的承载力相协调；③经济生态化，采用可持续发展的生产、消费、交通和居住模式，实现清洁生产和文明消费，推广生态产业和生态工程技术。建设生态城镇的关键是实现城镇生态环境的良性循环，其重点是建立合理的生态链，控制城镇社会经济生态链的合理构成与变化。

任保平在其《我国生态经济模式建立的基本思路》一文中认为，实现生态系统与经济系统的对接是建立生态经济模式的关键。实现生态系统与经济系统的对接就是在一定技术系统的连接下，将生态系统与经济系统的功能对接起来，实现经济发展的生态化，让生态系统发挥最合理的自然生产力，使经济系统实现最大的经济效益。

进行生态系统与开发方式的对接，从结构系统上加快实现可持续发展，提高县域环境资源的使用效率，提高生态经济的生产力。

上述观点，反映了生态经济发展的不同侧面。综合各家观点，主要有几个方面：探讨人类社会与生物圈的关系，包括人口过剩、粮食匮乏、能源短缺、自然资源耗竭和环境污染；研究自然生态系统的维持能力与国民经济的关系，为制定符合生态经济规律的社会经济综合发展战略提供科学依据；研究森林、草原、农业、水域和城市等各个主要生态经济系统的结构、功能和综合效益问题；研究基本经济实体同生态环境的相互作用。

生态经济学的形成和发展体现了当代自然科学和社会科学走向综合统一科学体系的大趋势。生态经济包括经济发展的社会化和社会发展的经济化。生态经济更注重经济发展的内涵：一般情况下，经济发展大多注重最优资源利用条件下的经济增长，生态经济在加入了人的主观能动性和人的客观创造力后，开放性地使经济与环境、经济与能源、经济与现代信息交换成为可能，使资源经济发展成为建立生态经济发展系统，从而实现可持续发展的人类发展目标。一般经济发展必须以大量的资源与环境投入为代价促进经济增长，资源与环境的有限性制约了经济的发展。生态经济克服了资源与环境的有限性，在将制约转换成动力的条件下，使生态经济呈现出自组织系统，可以理解为生态经济系统在经济系统的动力机制及生态系统的约束机制下的相互作用发展。

孙美华认为，经济发展和社会发展的衡量指标，不是传统的 GDP，也不是扣除环境损失后的绿色 GDP，而是应该建立生活质量指数指标，在经济与环境、经济与生态共同发展的基础上建立的国民幸福指数。

第二节 城镇经济的基本概念和范畴

2007 年，张荣寰在《中国复兴的前提是什么》一文中提出："新型城镇化是为了提高人民民生幸福水平而规划建设的生态文明城镇集群。"新型城镇化是大中小城市、小城镇、新型农村社区协调发展、互促共进的城镇化，其基本特征是生民为本、发展人文、生态宜居、产业优化、城镇联动、交通便利、循环持续、和谐发展，是具有独特竞争力、自优化的生态产业群。城镇化是实现县域经济发展的加速器。城镇经济是县域经济的载体。

一、县域经济概念

县域经济属于一种行政区划型的区域经济，是以县级行政区划为地理空间，以县级政权为调控主体，以市场为导向优化资源配置，具有地域特色的功能完备的区域经济。县域经济是以县城为中心、乡镇为纽带、农村为腹地的区域经济。县域经济具有地域特色，这种地域特色与其地理区位、历史人文、特定资源相关联。县域经济以市场为导向，具有开放性，同时要接受国家宏观经济政策的指导。县域经济是国民经济的基本单元，是功能完备的综合性经济体系，县域经济活动涉及生产、流通、消费、分配各环节以及一、二、三产业各部门。县域经济以农业和农村经济为主体，工业化、城镇化、现代化是县域经济的发展主题和方向。

二、县域经济的基本特征

（一）县域经济是综合性的地域经济

（1）综合性。县域经济的基本特点是经济活动内容的广泛性、综合性、多样性。城市经济多以二、三产业为基础，而县域经济涉及生产、分配、消费、流通等各个环节以及三产的各个领域；从产业行业来讲，既有产业部门，又有非产业部门。从行政区划看，有县、镇、村等多级行政单位。从所有制看，既有国有经济，又有集体经济，还有个体经济以及混合经济。县域经济具有门类复杂以及相对的完整性、独立性和多层次、多要素等特征，县域经济运行要求各部门必须相互协调，密切配合。

（2）多样性。主要是指县域经济成分的多样性以及经营方式的多样性。县域经济应该按照三个有利于的要求，坚持有所为、有所不为的方针，以非公有制为主体，实行多种经济形式共同发展。

（3）广泛性。县域经济发展的基本力量是民营经济。民营经济是改革开放的过程中出现的新生事物，具有竞争性、灵活性、广泛性、多元性的特征。民营化是建立社会主义市场经济体制的必然趋势。实践证明，县域经济民营化，是一种机制灵活、潜力巨大的经济发展模式，是激活生产要素、解放和发展生产力、提升县域经济水平的发展战略。

（二）县域经济是开放型的地域经济

县域经济虽然是在县级行政区划上形成的相对独立的经济，但又不同于单纯地以县级行政区划为边界的经济，更不是封闭的"诸侯经济""割据经济"，而是没有行政区划边界、与国内外经济交融于一体的区域经济。随着社会主义市场体制的逐步完善，县域经济发展一方面，要突破县级行政区划的约束，在更大的区域内进行资源配置，进一步获得竞争优势；另一方面，还要顺应国家宏观经济政策的导向。县域经济的开放性也正是在其自然经济属性被市场经济属性取代的过程中得以不断显现的。

发展县域经济要特别注重"引进来"和"走出去"，坚持宏观调节和微观搞活相统一。"引进来"要对照开放的要求，加强县域经济自身发展规律的研究，以大资源、大市场、大开放、大开发的观念推进机制体制的创新，营造灵活有效的要素集聚机制，使国内外资金流、人才流、信息流更多地流入，为推进县域产业与国际接轨、提升产业水平、提高竞争力，创造更加良好的发展空间；要注重改善投资环境，优化投资政策，合理引导投资方向，调整优化投资结构，不断地提高利用外来资本的整体效益；要注重以质取胜，把引进外来技术和自主开发创新结合起来，把引进的资本同县域内资源的优化配置结合起来，克服重引进、轻消化吸收，重数量和速度、轻质量和效益等问题。"走出去"包括企业资本"走出去"和产品"走出去"两个方面的内容，这是县域适应经济全球化、提升竞争力、增强综合实力的必由之路，也是企业做大做强的战略选择。直接与发达地区先进管理理念和先进生产力对接，发挥"后发优势"，实现跨越式发展。因此，要通过科技进步、引进人才、建立技术发展专项基金等途径，帮助企业积极开展国际标准的技术和质量认证，帮助县域企业突破壁垒，走向国际大市场，赢得发展新空间。市场条件下的县域经济必须以市场为导向。市场是开放的，没有国界，更没有县界。

（三）县域经济发展不平衡

我国县域经济发展在取得巨大成就的同时，也表现出极端的不平衡。与县域经济发展相配套的体制改革明显滞后，制约了县域经济的发展。一方面，涌现了一批百强县；另一方面，还有594个国家级贫困县。

中西部地区县域经济发展面临着巨大的困难，一方面，受地理位置、人文、科技等条件的影响，大项目、大产业缺乏，产业结构不合理，经济结构单一，工业化、城镇化水平低，县乡财政困难，农民增收缓慢；另一方面，随着宏观环境的变化和经济发展的转型，深层次的结构性矛盾和体制性矛盾导致县域经济运行质量低下，发展后劲不足，主要表现在以下方面：

（1）县域经济横向发展不平衡。中国县域之间存在着很大的差别，各县的经济发展水平、经济发展战略重点以及在国民经济发展中的地位有很大的差异，如以林为主成为木材的集散地，以农为主成为粮食的主产地，以渔为主成为养殖和捕捞基地，以牧为主成为肉类生产地域。县域经济发展的不平衡是现代经济发展的需要，也是新技术和新思路产生的主要动因。

（2）县域经济纵向发展不平衡。县域内部各乡村之间的经济发展存在很大的纵向比较差别，在经济发展快的县域中仍然存在着经济落后村，在经济落后的县域中，也存在着经济发展较快的乡村。在一个县域中，经济发达的乡村和经济落后的乡村所占据的比重不同，决定县域经济发展水平之不同。此外，小城镇的发展也引发了县域内部的差别。随着社会分工和商品交换的发展，必然会促进县域工业的发展，工业所要求的相对密集的人口资源和技术力量，客观上要求小城镇不断地兴起和发展，迅速成为乡域生产力的积聚形式，成为周围乡镇的小经济中心。小城镇经济的发展状况，直接影响县域经济的发展，或使其一跃成为经济发达县，或成为经济落后县。

（3）县域经济特色发展不平衡。县域经济具有相对的稳定性，但是随着生产力发展水平的提高、科学技术的进步、地区经济中心的形成和发展，县域经济因其发展特色经济而引发的差别较大。县域经济受县域所在地区的经济构成的影响，同时也受国家在一定时期的经济政策的影响。不同影响程度使县域经济出现差别。比如，在沿海地区，国家实行对外开放的经济政策时，处在沿海地区的县域就有条件首先发展外向型经济，实行进口替代或出口替代，在外界环境的强烈刺激下，使原来经济比较落后的县域，也有可能成为经济发达县域，原来靠国家救济的县域有可能成为向国家上缴利税较多的县域。

（四）县域经济发展的民营性

我国县域民营经济主要分布于劳动密集型产业和简单的加工产业，如：建筑装潢和房地产业、冶金机械及加工制造业、食品及农副产品加工业、纺织服装业、运输业、餐饮业。这些行业初期有利于民营经济的进入和资本的积累，随着国内的市场由卖方向买方市场的转变以及行业竞争的加剧，民营经济在传统行业的原始竞争优势开始面临来自于其他方面的挑战。

各地的县域民营经济均以本地资源为基础，依托本地特色发展。随着原始积累的初步完成，县域民营经济的发展模式和途径也出现新的变化，随之出现企业吸收就业能力弱化，固定资产投资增长乏力等现象。近 10 年来，中国的私营企业平均注册资本金由 9.3 万元增加到 68.1 万元，增加了 6 倍多，但是每个企业的从业人数从 18.1 人减少到 13.4 人。目前，县域民营经济呈现出显著的区域差异，而且波动较大，行业内竞争加剧，中小企业的稳定性降低。

（五）县域经济发展的城乡一体性

作为连接城乡的结合部，县域集政治、经济和社会功能于一身，是城乡统筹的结合点和落脚点，也是实现区域协调发展和社会稳定的突破口。

城乡一体化的空间布局，为县域经济科学发展提供了良好的基础；城乡产业统筹发展和资源配置的一体化，为县域经济发展提供了物质载体；城乡劳动力就业一体化，为县域经济发展提供了人力资源；城乡公共服务一体化，为县域经济发展提供了服务保障；城乡基础设施建设一体化投资，为县域经济参与现代化大生产提供了平等的竞争平台；统筹城乡管理，促进城乡社会管理一体化，为县域经济发展提供了软环境；统筹城乡金融，促进资本市场一体化，为县域经济发展提供了必需的资金支持。

（六）县域经济发展的区域协调性

发展县域经济，既要研究县域的资源与环境问题，又要研究经济发展与人口增长及社会结构、社会管理等方面的问题；既要制定出一整套具有可行性、战略性和指导性的县域经济持续发展规划，又要在规划的实施过程中，不断调整各县域经济主体的认识，约束和管理其行为，使其符合持续发展的要求。

（七）县域经济的差异性

县域经济之所以会引起社会的广泛关注，是因为县域经济的差异性，这个差异性主要表现在县域经济与中心城区的差异以及县域经济本身的差异。县域经济的差异性以及相关联的县域社会差异性成为全面建设小康社会进程中的重点和难点。2003 年，全国县域人均 GDP 6770 元，全国人均 GDP 9057 元，百强县人均 GDP 2.1 万元。2003 年全国县域人均 GDP 是全国的 74.8%；人均 GDP 最高的 100 个县是最低县域的人均 GDP 的 15.1 倍。

全国县域人均 GDP 与小康水平对比情况如图 2-2 所示。

图 2-2　全国县域人均 GDP 与小康水平对比

从 2003 年全国县域经济人均 GDP 分布曲线来看，曲线的众数在 3500 元左右，也就是说全国大部分县市的人均 GDP 在 3500 元左右，如图 2-3 所示。

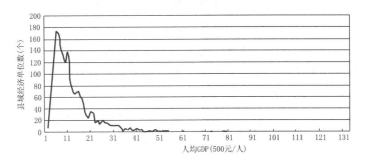

图 2-3　全国县域经济人均 GDP 分布曲线

三、县域经济发展的各阶段特点和经验

县域经济落后是中国社会经济发展的一个重要特征。近百年来中国社会大变迁，特别是改革开放 25 年来，我国拥有可与世界一流水平相比的大都市以及高科技和大企业，却无法拥有和世界水平相一致的县域经济。

（一）县域经济各阶段的发展特点

（1）在计划经济时期，"以农哺工"的产业政策和"剪刀差"体制让农业为国家工业化付出了巨大的代价，直接导致了中国农村经济近 30 年的发展滞后，是形成目前三农问题的重要根源。

（2）在改革开放初期，县域经济初步形成了市场运行机制，但以城市化为导向的不平衡战略的大力推进，又让县域经济为都市经济的繁荣发展做出了巨大的奉献。当然，这种漠视县域经济发展的战略失误，与当时的"追赶型"发展导向有关。众所周知，改革开放初期，县域经济曾是中国最活跃的经济力量。农村联产承包责任制揭开了中国经济体制改革的序幕，三项宏观改革政策（"利改税""拨改贷""财政分级包干"）直接促进了县域经济的大发展，县域乡镇企业和个体经济猛烈地冲击了计划经济体制，促进了市场经济的壮大和发展。当时，乡镇企业、专业户、万元户、南下劳工等都是时髦的名词，由于当时一般的消费品短缺、市场空间大而直接促成了县域加工业的发展，活跃了县域经济，但是，到了20世纪90年代，县域经济又重新陷入发展的困境。

（3）县域经济迅速发展阶段——市场经济体制的建立和完善以及加入WTO，使中国融入了文明竞争的现代化的最后攻坚。中国县域人口相当于世界人口的1/6，中国县域经济的快速发展，将从根本上使农民脱贫致富。县域经济初期发展阶段，地方政府往往依靠增加自然资源性生产要素投入替代其他生产要素来实现资本积累，相比其他投入要素，丰富的土地资源首当其冲。各地区政府以基础设施建设为平台，调动各种资源，扩大投入规模，包括以税收优惠和土地低价吸引投资，使得一些不具有优势或资源环境承载能力较弱的区域，也形成了较大的工业规模。县域经济在全国的发展中已占据较高的份额，一些发达地区的县域经济快速发展，已经成为我国国民经济发展中最活跃的亮点，如：珠江三角洲地区县域经济与中心城区经济进行整合发展，县域经济已经成为中心城区经济的重要组成部分。

（4）现代县域经济创新阶段，随着国家土地、金融、市场准入、竞争秩序、和谐社会建设等一系列政策的出台，县域经济原有的政策优势逐步弱化。要走出粗放的经济发展模式，降低县域经济发展对土地、金融、市场准入政策的依赖程度，规避政策因素对县域经济的冲击，就必须着手管理模式、经营模式、体制机制、产业集群、用地集约等方面的创新，真正实现科学发展。

（二）县域经济发展的主要经验

县域经济属于区域经济的范畴，是一个县的行政区域内经济总量、经济结构、经济要素及经济发展的总称，是一个县域经济实力的综合标志与反映。综观县域经济的各个发展阶段，主要经验如下：

（1）主动打破"县域"封闭。在市场经济和对外开放的大背景下，立足于"县情"，全方位地整合资源和生产要素，把对内对外搞活、活跃要素市场、招商引资、维护本地投资环境等作为县域经济发展的第一任务。

（2）充分利用当地劳动力成本低的优势，大力发展劳动密集型产业和就业量大的产业，客观冷静地选择主导产业，培育好县域经济的基础。

（3）增强县域的城市功能和内涵。这是县域经济发展的载体，从长远发展的角度来看，县域应该是一个由各种复杂的生产网络、交通网络、管理网络、文化网络等交织而成的超维人文系统。

发展县域经济必须大力扶持中小企业与大型企业，特别是发挥大型企业在经济发展中的骨干作用。规模和技术的差异正是体现市场需求多样性的客观要求，也体现了劳动力就业多样性的客观需求。很多中小企业聚集在乡镇，大量的农民随之转移，服务业也开始发展起来。随着市场的兴起，小城镇也依托中小企业发展起来。发展县域经济必须打破城乡分割的二元格局，改革目前的户籍管理制度和社会保障制度，赋予农民和城市居民相同的就业地位和权利，使个体私营经济成为县域经济的主体，加快农村劳动力向非农产业和城镇转移，逐步减少农民资源人均占有量，尽快地在"县域经济"这个层次上实现工业和农业、城市和乡村发展的良性互动。

四、县域经济发展的指导思想和指导原则

（一）指导思想和发展思路

以邓小平理论、"三个代表"和"和谐理论"的重要思想为指导，坚持可持续发展观，按照省、市经济社会发展的总体要求，围绕农民增收、财政增长和全面实现小康社会的目标，充分发挥比较优势，实施"农业兴县、工业强县、开放活县、依托资源、特色经济、生态立县"等几大战略，加快农业产业化、新型工业化、城镇化、特色化、市场化进程，建设绿色农产品加工、生态旅游、工业园区、有色冶金、煤、建筑建材及房地产、机械制造等基地，努力实现县域经济跨越式发展。

（二）发展原则

（1）品牌取胜原则。培育科技含量高、市场竞争力强、带动面广、对结构调整起关键作用的支柱产业和知名品牌。

（2）市场导向原则。充分发挥区位、资源等优势，以市场为导向，突破小而全、小而散、小而弱的经济发展模式，积极探索符合市场经济规律的县域经济发展路子。按照市场需求调结构、定项目、建基地，充分发挥市场机制在资源配置中的基础性作用。

（3）开放推动原则。扩大对内对外开放，加大招商引资力度。鼓励农民进县城、进集镇和外出打工，利用外力带动县域经济发展。

（4）统筹发展原则。突出大企业在县域经济发展和资源配置中的龙头作用，走新型工业化道路，把培育和引进龙头企业作为工作重点，积极扶持机制灵活、关联性强、带动面广、对财政收入贡献大的龙头企业。以加工性项目的发展为重点，积极发展有优势的农业产业项目。

（5）城乡统筹原则。统筹考虑县域内城镇和乡村的经济社会发展，着力提高城镇化和工业化水平，增加城镇就业岗位和促进农村富余劳动力转移，带动农业和农村经济发展，逐步改变城乡二元经济结构，不断地增强县域经济的综合竞争力，促进城乡共同繁荣。

（6）可持续发展原则。严格控制人口增长，提高人口素质；合理开发和利用资源，强化生态建设和环境保护，实现"工业马龙"和"生态马龙"的和谐统一，促进经济社会与人口、资源、环境的协调和可持续发展。

（7）产业创新原则。只有不断创新，才能使县域经济充满活力。观念创新——敢为人先，与时俱进，真正把发展作为富民强县的第一要务。制度创新——坚持农村市场化改革，消除制约生产力发展的体制性障碍，创造有利于县域经济稳定发展的制度环境。领导方式和方法创新——创建服务型政府，讲究效率，追求实效。

第三节 县域经济的地位和作用

县域经济处在城镇经济与农村经济的结合部、工业经济与农业经济的交汇点、宏观经济与微观经济的衔接点，是统筹城乡经济社会发展的基本单元，是国民经济的重要基础，其地位和作用主要体现在以下几个方面：

一、富民强国的基石

据统计，2005 年我国县级行政区划有 2862 个，其中：市辖区 852 个、县级市 374 个、县 1465 个、自治县 116 个、旗 49 个、自治旗 3 个、特区 2 个、林区 1 个。县域国土总面积为 896 万多平方公里，占国土总面积的 93%。县域内人口总数为 9.15 亿，占全国总人口的 70.41%。全国县域经济的 GDP 占全国 GDP 的 56.31%。这些数字充分地印证了"郡县治，天下安"的道理。

二、工业资源的基地

县域资源是国家资源的基本构成部分。土地、矿藏、森林、水源等自然资源大部集中在县域。以农副产品为原料的食品业和轻工业，以矿物质为原料的重工业和新兴产业等，大都依赖于县域资源的支撑。同时，广大农村还为国家建设提供了充足的劳动力资源。可以说，社会生产力发展的生产要素主要来源于县域。

三、国内潜在的消费市场

目前，县以下区域的社会商品零售总额只占全国的 1/3 左右。随着县域经济的发展，农民收入和购买力进一步提高，对经济增长的拉动力会更强。县域将成为国内最大的潜在市场。

四、经济发展的动力

县域经济包括城镇经济、乡村经济、农户经济等几个层次。按经济成分又可划分为国有、集体、个体私营、外资、股份制和各种混合经济。各个层次、各种成分都有很大的发展潜力和发展空间。无论哪个层次、哪种成分实现大的跨越，都会对县域经济乃至整个国民经济发展起到重要的促进作用。

第四节　县域经济发展模式

发展县域经济是建设社会主义新农村的重要战略。加快县域经济发展，必须遵守区域经济的内在规律。由于资源条件、制度结构、文化背景等地域差异，我国在不同时期出现了许多各具特色的县域经济发展模式，如"苏南模式""珠江模式""温州模式""义乌模式"等。具体可归纳为以下几类：

一、资源化模式

即以资源开发为主的资源型县域经济发展模式。利用县域内的资源优势，通过发展农业和开发矿产资源，以农业和矿业产品的输出带动经济的全面发展。这种县域经济发展模式对本县域自然资源和区域外市场的依赖性很大，一旦自然资源枯竭，外部市场萎缩，经济的发展就会受到很大的影响。如我国中西部一些地区，在经济发展初期，由于缺少发展机会，许多县域都把某些优势资源的开发作为突破口，以促进县域经济的发展。当经济发展到一定时期，由于受自然资源的约束，经济要想发展，就必须创建新的发展模式。依赖县域资源发展经济就是靠山吃山，靠水吃水，是最简单的发展模式。

如内蒙古的达拉特旗，地处呼、包、鄂"金三角"腹地，依偎在母亲河"几"字湾怀抱，自然条件优越，资源富集，境内有矿藏二十多种，而且具有分布广、储量大、品位高、易开采等特点，其中尤以煤炭为最，已探明储量为544 亿吨，远景储量 1000 亿吨，约占全国的 1/12，全区的 1/4，全市的 1/2。其地质构造简单，埋藏浅，煤层厚，低瓦斯，易开采，发热量均在 6000 大卡/千克以上，为全国之最，被专家誉为世界"熊猫矿藏"。白云岩、石灰石、石英砂、铝矾土储量也非常丰富。除了矿产资源，水资源、电力资源、土地资源、旅游资源也不容忽视。准格尔旗正是依托这些资源优势，从年人均收入不足 400 元的全国重点贫困县，跨入西部百强，稳居第三位。在第九届全国县域经济基本竞争和科学发展评价中，名列西部百强县第 14 位。

二、工业化模式

通过突出工业的主导地位，扩大工业的规模和实力，提高工业对县域经济的拉动力。县域经济发展中存在的主要矛盾是三次产业的结构性矛盾。按照发达国家和发达地区的产业结构调整来看，要解决县域经济中的结构性矛盾，必须实现由"一、二、三"向"二、三、一"的转变，首先要选择工业化为"引擎"，依托工业经济的发展、辐射、带动三次产业的全面提升。县域经济的发展必须坚定不移地走工业化道路，利用县内较好的农业自然资源，发展生产力水平较高的传统农业产业，形成规模化、产业化的县域经济发展模式。

工业是县域经济的脊梁，是县域经济实现突破的根本动力，工业化是县域经济发展的基本方向。县市经济发展要想迈大步、求大进，必须高度重视工业的发展，大力实施"工业强县"的战略，把发展县域工业提高到先于一切、重于一切、高于一切的位置，采取切实可行的措施，聚精会神地谋划和推动工业的发展。在现行政策、环境条件下，大力发展县域工业，加快工业化进程，既有现实可行性，也具必然性。改革开放以来，随着农业产业化的快速发展和农业延伸产品加工业及其他服务业的出现，逐步形成了以原有产业为基础，以若干适应市场需要的骨干农产品加工企业为龙头，以相关部门密切配合的外联市场、内联企业为特征的生产加工销售一体化的专业化基地型县域经济发展模式，这些县域经济的发展实际上走上了农村工业化、农村城市化的道路。

如内蒙古一些有一定工业基础的旗县，突破原有的思维定式，以工业为突破口，开辟了县域经济发展的新路子。截至 2008 年，内蒙古全区有 33 个旗县第二产业占 GDP 的比重已经高于全区 55％的平均水平。伊金霍洛旗的人均生产总值和地区生产总值分别居全区的第 1 位和第 2 位。工业经济走上"大项目、大循环、大园区、大产业、大市场"的发展道路，打造战略性生态能源基地先行区；文化产业迅速壮大，民族文化繁荣发展，全力打造全国文化旅游产业示范区。2009 年，全旗生产总值达到 393.5 亿元，财政总收入达到 80 亿元，人均 GDP、人均可用财力继续保持全国前列，城镇居民人均可支配收入和农牧民人均纯收入分别达到 23098 元和 7959 元。

三、商业化模式

该模式是指该地区在历史上就有从商的传统，改革开放以来，经过党和国家的政策扶持，这种经商的传统得到了充分的发展，形成以民营为主的县域经济发展模式。强化机遇意识、环境意识和服务意识，特别是要在政策和服务两大重点方面迈出新步伐，以优惠的政策和优质的服务，吸引投资者，支持创业者。随着县域工业化与城市化的快速推进，中心城市的发展空间正在向周边旗县区域快速扩展，中心城市对周边旗县的辐射带动作用不断增强，中心城市与周边旗县正在形成良性互动与一体化发展的大趋势。

如江浙人凭借敏锐的眼光，率先实行市场化改革，为县域经济的发展提供了机制和体制上的优势，各级党政领导对县域经济高度重视，在财政体制、经济管理权限设置、发展搞活乡镇企业、发展市场等多方面采取切合实际的节节推进的改革措施，使县域经济得以快速发展。如在财政体制方面，浙江省实行"省管县"体制，除计划单列市宁波外，浙江其他县的财政直接由省管理，预算内的县财政直接与省财政结算，只有预算外的各种"费"与市结算。避免了市对县财政的截留，实现了增强省级财力与壮大市县财政的目标，使县域财政收入占全省的比例大大增加，尤其是有效地改善了欠发达地区的财政状况，逐步形成了具有浙江特色的财政转移支付制度，促进了全省县域经济的持续快速健康发展。

四、国际化模式

以国际市场为导向，与国际市场紧密联系，以出口创汇为目标或以利用外资为主要经济增长点的县域经济。区位优势尤为突出，区位交通成为主要的定位依据。

如广西荔浦县的衣架行业是 20 世纪 90 年代初期产生和发展起来的一个新兴行业，经过 10 余年的艰苦拼搏，涌现了一批颇具规模和竞争力的骨干企业，衣架行业成为荔浦具有地方特色的重要工业支柱产业之一。衣架产品 90％以上出口国外，销售网络遍布欧美及东南亚市场，出口量约占全国同类产品出口总量的 50％以上，年出口交货值达 15 亿元人民币。目前，荔浦拥有各类衣架系列及配套产品生产企业 126 家，其中规模以上企业 46 家，年产各类衣架约 20 亿只，品种达 1000 多个，从业人员 3 万多人，2009 年，全行业产值和销售额均达到了 18 亿多元，实现税收达 1 亿多元，其税收约占全县财政收入的 30％左右，荔浦县被授予"中国衣架之都"。

五、宜位化模式

主要是指地区特色经济型县域经济。特色就是优势，经济的发展具有地域特色，这是与其地理区位、历史人文、特定资源相联系的。县域经济发展的原则就是：宜工则工，宜农则农，宜林则林，宜商则商，宜游则游，适宜发展的产业就是新经济的增长点。

如地属冷凉风沙农牧交错区内蒙古的武川县，因地制宜建立了适合当地的不同模式的试验示范区，取得了明显成效，建成的 10 个高标准机械化保护性耕作示范乡，带动了周边乡村普及应用这项耕作技术，使区域内农田的水、土、肥流失状况得到了有效的改善，综合生产能力明显增强。武川县成立了"武川县老区建设促进会"。该县本着"科学决策、效益吸引、多方筹资、全力集中、不断完善"的原则，根据全县避灾农业、生态畜牧业、农畜产品加工三大主导产业，依托大专院校和有一定实力的龙头企业，在"一村一品"项目中切实扶持了具有很强生命力的产业。2009 年，武川县老区农民人均增加收入达到了 960 元。

第五节　县域生态经济的基本概念与范畴

一、生态与生态经济

可持续发展是全人类共同的目标，其本质是研究生态与经济协调发展，提出关于人类长期发展的战略与模式，其核心是生态经济可持续发展。20 世纪 80 年代以来，国内外研究者为寻求适合不同地域特点的可持续发展目标的途径而孜孜以求，以"自然—社会—经济"复合而成的生态经济研究也有近 20 年的历史。由于生态经济地域分异的明显差异，使得生态经济的区域化研究往往更具有应用价值。

（1）生态（Eco-）源于古希腊字，是指家（house）或者我们的环境。简单地说，生态就是指一切生物的生存状态，以及它们之间和它与环境的关系。

（2）生态学（Ecology）最早也是从研究生物个体开始的。1869 年，德国生物学家 E. 海克尔（Ernst Haeckel）最早提出生态学的概念，认为生态学是研究动植物及其与环境之间、动物与植物之间及其对生态系统的影响的一门学科。如今，生态学已经渗透到各个领域，"生态"一词涉及的范畴也越来越广，人们常常用"生态"来定义许多美好的事物，如健康的、美的、和谐的事物均可冠以"生态"修饰。当然，不同文化背景的人对"生态"的定义会有所不同，多元的世界需要多元的文化，正如自然界的"生态"所追求的物种多样性一样，以此来维持生态系统的平衡发展。

坚持生态标准原则，就是以自然、社会和人的和谐统一为主题，推进生态城镇和环保模范城镇建设，发展循环经济，发展清洁能源，发展生态经济，大规模植树造林，提高人均占有绿地水平。完善环境与发展综合决策机制，加强环保能力建设。

（3）生态经济。生态经济是社会再生产过程中经济系统与生态系统之间的物质循环、能量转化、信息交流和价值增值规律及其应用的经济模式，是一门从经济学角度来研究由社会经济系统和自然生态系统复合而成的生态经济社会系统运动规律的科学，它研究自然生态和人类社会经济活动的相互作用，从中探索经济社会复合系统的协调和可持续发展的规律性。

生态经济的内涵主要体现在社会经济系统和自然生态系统之间的相互作用可以形成一种良好的状态，即逐步摒弃自然生态与社会经济的相互矛盾，建立一种自然生态与社会经济相互促进、相互协调，既能满足当代人的需要又不危害后代人满足其自身需要的发展状态——可持续发展状态。

（4）生态经济平衡。生态经济平衡是指构成生态经济系统的各要素之间达到协调稳定的关系，特别是经济系统与生态系统达到协调统一的状态。这是在生态经济学探索过程中出现的概念，反映了对经济问题和生态问题进行综合研究的发展趋势。生态经济平衡包括生态平衡、经济平衡以及经济系统与生态系统之间的平衡。生态平衡是经济平衡的前提和基础之一，经济平衡应该能够维护和促进生态平衡。在当代条件下的社会发展，首先要争取世界经济增长的规模、结构、建设、速度与地球生物圈的承载能力保持平衡，即世界范围的生态经济平衡，其途径在于以经济增长的物质条件和技术条件促进地理环境的生态结构乃至地球生物圈定向发展，以增强社会经济系统的自然基础来达到经济平衡。

二、县域生态经济

县域生态经济是生态化县域经济。生态化县域经济不仅要求产业生态化，还要求政策生态化和金融生态化，发展县域生态经济是促进农村经济发展的一项宏伟的工程。生态化经济发展模式不仅强调生态技术在经济发展中的内生性，而且更强调制度、体制、管理、文化、道德伦理等因素的生态化和系统协同。

在经济全球化和生态全球化的大趋势下，在"建设资源节约型，环境友好型"的和谐社会的背景下，县域生态经济是县域经济发展的必然选择，为此，需要在政策层面和实践层面上进行生态化设计。

（一）县域生态经济发展的思路

（1）以创新思想为基础，引领生态文明，开创县域经济发展的新起点。发展县域经济，要解放思想，改变观念，应把县域经济放在经济全球化的大格局中来审视，因地制宜，发挥优势，选准坐标，突出重点，突出特色，打优势牌，走生态之路。

（2）以保护生态环境为重点，构筑县域经济发展的新亮点。人与自然和谐发展，必须使生态环境得到改善，方能使可持续发展能力不断增强，最终使县域经济走上生产发展、生活富裕、生态良好的文明发展道路。因此，保护县域生态环境必须做到：实施农村生态环境建设；强化资源环境管理，开发生态资源；建立生态经济园开发区，走生态农业与观光农业、休闲农业、创汇农业相结合，传统农业向现代农业转变之路。

（3）以节约自然资源为保障，提升县域经济发展的新持续力。节约自然资源，促进和谐发展是今后一段时期我国县域经济可持续发展的重要指导思想，必须以提高可持续发展为目标，始终坚持有效保护、合理节约利用资源的方针，正确处理好资源保护、利用与经济发展的关系。加强法制建设，坚持依法行政，进一步加大资源法律法规的执法力度，提高自然资源的合理开发利用水平；始终处理好经济建设与资源、环境的关系，在保持经济又快又好发展的同时，保护和节约使用自然资源，把经济增长建立在合理利用自然资源的基础上；严格执行国土资源保护和管理的政策，在保护中开发，在开发中保护，走节约型的国土资源综合开发利用的路子。

（4）以加强生态技术创新和推广为主线，畅通县域经济发展的新征途。要加大生态技术投入，尽快形成"政府投入为引导，企业投入为主体、全社会投入为补充"的多元化科技投入机制；要加快建立企业技术创新体系，鼓励有条件的企业与相关大学、科研院所开展"产、学、研"结合，增强企业引进消化吸收和再创新能力，引进先进适用的科技成果和经验为县域所用；要加快生态技术成果转化，鼓励企业用先进适用的生态技术改造、提升传统产业，提高技术装备水平，推进县域一些传统产业升级和产品更新换代。

（5）以引进高素质创新型人才为依靠，建立县域经济发展的新阵地。认真贯彻科学发展观和科学人才观，坚持党管人才的原则，在县域加快党政人才、企业经营管理人才和专业技术人才三支队伍的建设，同时，抓紧培养专业化高技能人才和农村实用人才。应制定相关的政策，不拘一格地选拔人才，采取调动、兼职、科研和技术合作的方式，把优秀人才引进来，也可利用技术入股、成果转让等灵活方式留住人才，为县域经济发展提供坚实的后盾。县域企业是转变发展方式的重要阵地，要加快培养优秀企业家、优秀经营管理者和优秀思想政治工作者，使他们在转变增长方式中发挥中坚作用，使企业进一步增强自主创新能力，在激烈的国内外市场竞争中，立于不败之地。

（二）县域生态经济的地位和作用

生态经济是可持续发展的要求，建立县域生态经济发展模式是实现可持续发展的重要途径。通过构建县域生态经济体系来提高县域经济体系的承载力，通过对我国生态经济系统进行整合，来实现生态系统与经济系统的良性循环。要实现这一目标，就必须调整县域产业结构，建立县域生态产业体系，实现县域生态系统与经济系统的对接和县域生态系统与开发方式的对接。

自然资源的合理保护和利用，为建立能够可持续利用的资源体系提供了保障；县域生态经济发展可以促进生态经济体系、生态产业结构和生态文化的形成并得到发展，从而基本控制环境污染，提高生态环境质量，形成山川秀美的生态环境体系和支撑可持续发展的安全体系；县域生态经济发展是实现"生态文明"的基础产业支柱，是建立和谐生态循环经济的前提和保障，是加快县域经济发展的有效途径。

第三章　县域生态环境分析

现在的中国面临着前所未有的生态环境挑战，作为世界上人口数量最多的国家，中国的人均资源占有量大大低于世界人均水平。长期以来，地大物博、资源大国的观念掩盖了矿产资源总量不足的事实，也淡化了对资源的保护和合理利用，加剧了环境污染和生态破坏。中国已成为煤炭、钢铁、铜的世界第一消费大国，继美国之后的世界第二石油和电力消费大国。原油、原煤、铁矿石、钢材、氧化铝和水泥的消耗量，分别约为世界消耗量的 7.4%、31%、30%、27%、25% 和 40%，而创造的 GDP 仅相当于世界总量的 4%。中国的能源、原材料和水资源消耗大大高于世界平均水平，目前，中国的石油对外依存度高达 50%，钢铁为 44%，铜 58%，铝 30%。中国的许多行业和地区，资源利用效率低、浪费大。高消耗换来的增长，导致废弃物排放多、环境污染严重，因此，中国单位 GDP 的废水、固体废弃物排放的水平大大高于发达国家。随着经济的快速发展，资源需求量随之增加，中国面临的资源和生态安全压力还会持续加大。依靠大量消耗资源支撑经济增长，不仅使资源供需矛盾更加突出，也制约了经济增长质量和效益的进一步提高。

随着中国全面建设小康社会和加快推进现代化建设，工业化、城市化进程将进一步加快。工业化中期的阶段特征是资源、能源的消耗强度高，因而有可能需要比工业化初期更高的资源和能源消耗的增长率，产生难以修复和逆转的复合性环境污染。因而，中国如果不优化产业结构和地域结构，加快发展模式和经济增长方式的转变，切实实施可持续发展战略，走生态经济之路，中国的经济、社会和环境安全，中华民族的可持续发展将面临严峻的考验。

社会经济发展和生态环境演变是紧密关联的，它们是同一个过程的两个方面。作为人类社会生产活动基础的生态环境既受社会经济发展的影响，又反馈于社会经济活动，制约经济效益。人们正在进行生产活动的生态环境乃是以往生产活动的结果之一，此次生产活动作用后的生态环境，将成为下次生产活动的基础。研究社会经济，不能只看到经济发展而看不到生产活动对生态环境的作用以及生态环境的变化对于社会经济的反作用，必须综合研究生产活动对生态环境的影响和生态环境演变对经济效益的制约。

　　研究县域经济必然要了解和分析县域生态环境，为制订和实现经济发展规划提供参考。随着我国社会经济的迅猛发展和人民生活水平的日益提高，农村生态环境日趋恶化，严重地制约了农村的可持续发展，生态平衡、环境保护问题成为人们普遍关注的热点和焦点。

第一节　县域生态环境现状分析

一、耕地面积持续减少，耕地质量不断退化

　　我国用占世界 9% 左右的耕地养活了占世界 20% 的人口，这是一个了不起的成就。耕地的质量和数量是环境优劣的一个重要指标，保护耕地也是保护环境的重要内容。据统计，我国现有耕地 1.26 亿公顷，人均耕地仅为 0.1 公顷，不足世界人均水平的 45%，现有耕地中有 2/3 是中低产田。耕地中的 13.3% 属于 15 度以上的坡耕地，其中 25 度以上的坡耕地有 9100 万公顷。由于开发速度的加快，耕地面积还在不断减少。1996 到 2007 年间，耕地减少了 1.25 亿亩，年均减少 1136 万亩，这个速度是相当快的。除了耕地面积减少以外，我们还面临着一个问题就是耕地质量的下降。

二、水资源短缺，水环境状况不断恶化

　　水资源的短缺是由水资源的不可再生性决定的。正常情况下，我国每年农业缺水大体上是 300 亿~400 亿立方米，农业用水资源长期面临不足的状况。水资源时空分布不均，利用效率低。农村环境污染的外部污染包括：水、空气、噪声、垃圾等污染。根据国家环保局 2008 年的统计，我国主要河流的有机污染普遍，面源污染日益突出，农业面源污染主要来自于农业措施中使用的化肥和农药残留物被雨水淋溶后随径流进入水环境，以及水土流失过程中土壤养分和有机质随泥沙一起被带入水环境。辽河、海河污染严重，淮河水质较差，黄河水质不容乐观，松花江水质尚可，珠江、长江水质总体良好。全国七大水系 1/3 以上的河段达不到使用功能要求，主要湖泊富营养化严重，近岸海

域污染呈加重趋势；相当多的城市空气质量超标，酸雨区面积占国土面积的
30％，空气污染和酸雨影响不断地向郊区或农村扩展；城市垃圾处理率低，而
且还占用农业用地，污染农业环境。全国生态恶化的趋势未得到有效的遏制，
水土流失面积已达 3.67 亿公顷。如：现在的呼伦贝尔草原仍以每年 2％ 速度
退化，而草原建设速度每年仅为 0.2％。有关专家指出，久而久之，呼伦贝尔
草原将可能会变成"呼伦贝尔沙漠"，2009 年年底普查的结果是呼伦贝尔草原
退化面积达 483 万公顷，约占可利用草原面积的近一半，另外还有近 300 万公
顷的潜在沙化区域。

近年来气温升高，降雨量减少也是草原退化的原因之一；最主要的还是人
为因素，由于呼伦贝尔草原矿产资源丰富，开矿和矿产勘探造成草原退化的现
象非常严重；此外，乱砍滥伐森林、超载放牧等也是造成草原退化的因素。

煤炭的开采，破坏了原有的气候环境，影响了降雨，造成地下水位下降。
草原牧区和林区到底该不该工业化，业界争论不休。要解脱贫困还是死守生
态，看起来是个两难，呼伦贝尔大草原的未来如同那曾经美丽的草原一样茫茫
无边。

三、环境损失逐年增加

环境损失是因环境破坏和环境污染引起的经济损失，根据环境损失的过程
与方式，可分为直接经济损失和间接经济损失两类。直接经济损失是因环境污
染和破坏，直接造成产品的减产、损坏或质量下降所带来的经济损失，可以直
接用市场价值来计量。间接经济损失是由于人类活动对环境资源功能的损害，
影响其他生产和消费系统所造成的经济损失。如：人类活动使大气中 SO_2 超
过一定的浓度，使农作物减产，金属设备和建筑物遭到腐蚀等造成的经济
损失。

（1）环境污染已经危及国家生态安全。如生态系统服务功能下降，生物多
样性锐减，外来物种入侵等种种环境问题。全国有 70％ 的江河水系受到污染，
40％ 基本丧失了使用功能，流经城市的河流 95％ 以上受到严重污染；3 亿农民
喝不到干净水，4 亿城市人呼吸不到新鲜空气；1/3 国土被酸雨覆盖，世界
上污染最严重的 20 个城市我国占了 16 个……这是来自多个渠道勾勒出的环境
现状。综合世界银行、中科院和环保部的测算，我国每年因环境污染造成的损
失约占 GDP 的 10％ 左右。

（2）环境风险居高不下。一些地方忽视环境保护要求，甚至急功近利，项

目建设中选址不当，把一些化工、石化、冶炼等高危行业建在饮用水源地、江河两岸、城市居民区等环境敏感地区和人群密集地区，一旦发生重大事故，将会造成巨大的环境灾难和人民生命财产的损失。

（3）一些重污染行业违法排污严重。一些造纸、涉铅等污染企业肆意排污，造成污水横流、臭气熏天，严重影响群众的正常生活，群众对此深恶痛绝。

四、环境污染危害程度正在加剧

有害物质或有害因子进入环境并在环境中发生扩散、迁移、转化，并跟生态体统的诸要素发生作用，使生态系统的结构与功能发生变化，对人类以及其他生物的生存和发展产生不利影响。例如，因化石燃料的燃烧，使大气中的颗粒物和 SO_2 浓度的增高，危及人和其他生物的身体健康，同时还会腐蚀材料，给人类社会造成损失；工业废水和生活污水的排放，使水体质量恶化，危及水生生物的生存，使水体失去原有的生态功能和使用价值。环境污染不仅给生态系统造成直接的破坏和影响外，污染物的积累和迁移转化还会引起多种衍生的环境效应，给生态系统和人类社会造成间接的危害，有时这种间接的环境效应的危害比当时造成的直接危害更大，也更难消除。例如，温室效应、酸雨、和臭氧层破坏就是由大气污染衍生出的环境效应。这种由环境污染衍生的环境效应具有滞后性，往往在污染发生的当时不易被察觉或预料到。联合国环境规划署的温室气体咨询小组在 1990 年的报告中指出，2℃可能是一个上限，一旦超过可能招致严重破坏生态系统的风险，其恶果将是非线性增加。德国联邦议会的研究委员会也试图确定可接受的范围，认为每 10 年气候变暖超过 0.1℃将对森林生态系统非常危险。然而一旦发生就表示环境污染已经发展到相当严重的地步。当然，环境污染的最直接、最容易被人所感受的后果是使人类环境的质量下降，影响人类的生活质量、身体健康和生产活动。例如：城市的空气污染造成空气污浊，人们的发病率上升等；水污染使水环境质量恶化，饮用水源的质量普遍下降，威胁人的身体健康，引起胎儿早产或畸形等。严重的污染事件不仅带来健康问题，也造成社会问题。随着污染的加剧和人们环境意识的提高，由于污染引起的人群纠纷和冲突逐年增加。

目前，在全球范围内都不同程度地出现了环境污染问题，具体有大气环境污染、海洋污染、城市环境问题等。随着经济和贸易的全球化，环境污染也日益呈现国际化趋势，近年来出现的危险废物越境转移问题就是这方面的突出表现。

五、农业自身的污染对农村环境的影响

在诸多的生态环境问题中，农业自身造成的污染也不容忽视。具体表现在如下方面：

（1）化肥、农药的滥用。我国的化肥年使用量多达4124万吨，按播种面积计算，化肥使用量达 400 公斤/公顷，远远地超过发达国家为防止化肥对水体造成污染而设置的225公斤/公顷的安全上限。化肥的平均利用率仅有40%左右，加剧了江河湖泊的富营养化。全国每年农药使用量达 30 多万吨，除30%～40% 被作物吸收外，大部分进入了水体、土壤及农产品中，使全国933.3万公顷耕地遭受了不同程度的污染，严重地威胁了人们的身体健康。

（2）地膜污染正在加剧。据对有关省区的调查发现，被调查区地膜平均残留量为 37.8 公斤/公顷，其中最高的达 268.5 公斤/公顷，地膜污染的直接经济损失在 1500 万元以上。

（3）农业生产残留物如秸秆、畜禽粪便等不合理利用造成的污染也不容忽视。我国每年产出秸秆 6.5 亿多吨，畜禽养殖场排放的粪便及粪水超过 17 亿吨。

（4）气象灾害和生物灾害呈加重趋势。2004 年，因灾损失粮食 610 亿斤；2005 年，因灾损失粮食 690 亿斤；2006 年，因灾损失粮食 894 亿斤；2007 年，因灾损失粮食 1079 亿斤，并呈逐年加重的趋势。

第二节　县域环境污染主要原因分析

一、农业生产自身的污染

小城镇和农村聚居点的生活污染物因为基础设施和管制的缺失一般直接排入周边的环境中，造成严重的"脏、乱、差"现象，每年产生的约为 1.2 亿吨的农村生活垃圾几乎全部露天堆放，每年产生的超过 2500 万吨的农村生活污水几乎全部直排，使农村聚居点周围的环境质量严重恶化，在我国农村现代化进程较快的地区，这种基础设施建设和环境管理落后于经济和城镇化发展水平的现象并没有随着经济水平的提高而改善，其对人群健康的威胁在与日俱增。

我国农业环境的污染是由人类不合理的农业生产方式引起的。城镇外部系统和农业内部系统的双重作用，造成农业生产的环境要素如大气、水体、土壤、生物等的直接污染。

二、乡镇企业污染严重

据统计，全国每年因工业废水而污染的耕地面积达 2 亿多亩，占耕地总面积的 15% 左右，每年因污染减少的粮食超过了 100 亿千克，直接经济损失 125 亿元，其中因农业工业污染和破坏而引起的达 47% 以上。乡镇工业的持续快速发展，增加了农民的收入，扩大了农产品的市场范围，提高了农村资源的利用效益，改善了农民的物质文化水平。但由于乡镇企业数量众多、工艺陈旧、设备简陋、技术落后、能源消耗高，绝大部分企业没有防治污染设施，使污染问题较为突出。目前，乡镇企业污染占整个工业污染的比重已由 20 世纪 80 年代的 11% 增加到 45%，一些主要污染物的排放量已接近或超过工业企业污染物排放量的一半以上。

如何在乡镇工业快速发展的同时保护好生态环境，实现乡镇工业经济效益、环境效益和社会效益的同步提高，已成为我国现代化建设中的一个突出问题。

三、耕作不善，植被破坏，土地退化严重，围湖造田，生态失衡

据资料显示，我国现有的森林面积为 1.34 亿公顷，居世界第 5 位。但森林覆盖率仅为 13.92%，远低于世界平均水平 27%，居世界第 104 位；人均林木面积 0.1 公顷，人均森林蓄积量 7.8 平方米，分别为世界平均水平的 11.7% 和 12.6%，属于世界上森林资源贫乏的国家之一。我国现有草地面积 3.9 亿公顷，居世界第二位。但人均占有草地仅为 0.33 公顷，约为世界平均水平的一半。我国草地质量不高，低产草地占 61.6%，中产草地占 20.9%，难利用的草地比例较高，约占草地总面积的 5.57%。由于滥垦草原和过度放牧，我国出现了大面积的草场退化，草原生态日趋恶化。

中国是世界上荒漠化最严重的国家之一。沙漠及沙漠化土地已由新中国成立初期的 0.67 亿公顷扩大到 1.3 亿公顷，占国土总面积的 13.6%。在近 50 年内，新发生沙漠化的土地有近 0.7 亿公顷，其中因沙化退化的草地达 0.51 亿公顷、耕地 256 万公顷。目前，还有约 650 万公顷耕地和 1/3 的天然草场受到不同程度的沙漠化威胁，沙漠化面积扩大的速度还在进一步加快。受荒漠化危

害的人口近 4 亿,农田 1500 万公顷,草地 1 亿公顷。生态系统平衡失调造成各类农业自然灾害加剧,受灾面积扩大到年均 4000 万公顷。因灾害年均损失粮食 2000 多万吨、棉花 22 万吨。20 世纪 90 年代中期以来,北方地区"沙尘暴"频繁发生,危害程度越来越严重。西部一些欠发达地区生态环境问题突出,沙漠化问题日益突出,森林资源不断减少,林种结构不合理,自然灾害频繁发生,特别是草原生态系统整体退化,畜牧业陷入困境。草原产出水平下降,饲草严重不足,草畜矛盾突出,畜牧业产值收入增长缓慢;草原生态系统失衡,气候变异强度大;贫困程度加剧。草原是牧区、半牧区群众的基本生产资料,草原"三化"直接影响畜牧业生产。若不采取有力措施遏制草原"三化",将使牧区众多经济、社会问题进一步加剧。

四、城市污染向农村转移

随着城市产业结构的调整,一些耗能高、污染重、难以治理的工厂纷纷从城市迁入农村;90%以上的城市垃圾未作回收处理而堆放或填埋在郊外或农村。我国人多地少,土地资源的开发已接近极限,化肥、农药的施用成为提高土地产出水平的重要途径,加之化肥、农药使用量大的蔬菜生产发展迅猛,使得我国已成为世界上使用化肥、农药数量最大的国家。

五、对农村环境污染严重程度认识不足

对农业环境污染的严重性认识不足,错误地认为农村地域宽阔,环境容量大,居住人口分散,加之管理人员力量不足,无暇顾及农村的环境保护。目前,我国的农村环境管理体系呈现以下特点:环境立法缺位、农村环境管理机构匮乏、环境保护职责权限分割而且与污染的性质不匹配、基本没有形成环境监测和统计工作体系。我国的诸多环境法规,如《环境保护法》《水污染防治法》等,对农村环境管理和污染治理的具体困难考虑不够。例如,对污染物排放实行的总量控制制度只对点源污染的控制有效,对解决面源污染的问题意义不大;对诸多小型企业的污染监控,也由于成本过高而难以实现;未建立农业和农村自然资源核算制度,资源家底不清。另外,农业技术的选择缺乏环境政策制约机制,农业技术推广体系几乎失效;20 世纪 80 年代中期开始的农业技术服务体系改革是以减少农技推广经费和鼓励自我创收为特点的。由于得不到足够的财政拨款,农技推广系统不得不从事与业务无关的经营活动以获取收入,包括卖化肥和农药等。由于农技推广人员对指导农民提高农药和化肥使用

效率缺乏积极性，以致化肥、农药不合理施用情况一直在加剧。

六、治理模式不适，导致农村污染治理效率不高

沿用解决城市污染的末端治理方法治理农村的三类环境污染，存在技术、经济障碍。除了农业面源污染收集和处理污染物外，其他类污染用末端治理常会出现既治不起，也治不净的情况。末端治理方法有它的可行性，但在实际应用中不能因地制宜。在农村的生活污染、乡镇企业污染以及集约化畜禽养殖场污染，采用末端治理也会因为治理成本高而很难开展起来。另外，扶持措施不力，导致农村污染治理的市场化机制难以建立。

我国针对城市和规模以上的工业企业的污染治理，制定了许多优惠政策，如排污费返还使用，城市污水处理厂建设时低价或无偿征地，运行中免税免排污费，规模以上工业企业污染治理设施建设还可以申请用财政资金对贷款贴息等。而对农村的各类环境污染治理，却没有类似政策。由于农村污染治理的资金本来就匮乏，建立收费机制困难，又缺少扶持政策，导致农村污染治理基础设施建设和运营的市场机制难以建立。

第三节　生态环保的思路和对策

基本思路是：运用城市生态学原理以及可持续发展和循环经济的理念，指导规划的制定；针对区域生态环境的特点和问题，制定环境保护的目标及对策；以改善人居环境为重点，推进区域环境改善，全面协调生态产业发展与生态环境的关系，实现经济、环境、社会的协调发展；建设县域生态经济增长系统，合理布局县域生态景观，促进县域内环境各要素之间的协调；构建农村土地污染防治相关法律规范时，将生态整体性的观念根植其中，综合考虑土壤生态安全与大气、水、粮食、人类行为等各方面的内容，确立合理的法律规范调整机制。具体对策如下：

（1）确定环境优先的发展理念。坚持环境优先的发展理念，转变经济发展方式，不断优化产业结构，形成县域生态产业体系与生态环境协调发展的良好态势，积极开展生态文明乡村创建活动，健全完善生态村规民约，营造丰富多彩的精神文化生活和和谐相处的社会环境，倡导健康、文明、科学的生活方

式，引导和教育农民遵纪守法、提高修养、崇尚科学、移风易俗，大力培养有文化、懂技术、会经营的新型农民。

（2）深入开展环境宣传教育。为了实现经济快速发展、环境清洁优美、生态良性循环的生态型县域需要深入开展环境宣传教育，广泛动员公众参加。建立公众在环境保护方面的监督参与机制，在全社会形成遵守环境法律法规、自觉保护环境的良好风尚；提高各级决策层的环境与发展综合决策能力。

（3）切实控制农业面源污染，保证城镇居民的生活用水安全。加强对农业面源污染的危害及其原因的宣传，增强全民生态环境意识与参与意识，引入农业环境评价体系和循环经济的概念和方法改善投资环境，鼓励和促进农业环境治理工程的建设，加强农民专业技术组织的建设，发展农业种植业专业户，提高种植业效益，促进农业技术推广和应用。建立国家清洁生产的技术规范，拟定新的化肥和农药管理法律法规，鼓励能够减少面源污染的化肥和有机肥的生产和使用。建立有机废弃物排放的法规，有效控制城镇的污水排放和规模化养殖场牲畜粪尿的排放。同时，开展城镇生活垃圾处理设施的建设。加快农村生活垃圾的资源化进程，提出资源循环利用的方案。在环境立法方面，借鉴国际上成功的法规，制订强有力的法规体系。

（4）严格控制农村工业污染，抵制污染企业向乡镇转移。要着力处理好经济发展和环境保护的关系、城市环保和农村环保的关系，以及主动预防和被动治理的关系，突出工作重点，统一部署，周密安排，努力把县域环境保护工作落到实处。适应环保新形势的需要，及时制定措施，严防污染企业"下乡"。在项目审批上，在招商引资中，环保部门先行论证为建设项目把关，对不符合环保要求的项目实行"一票否决"；严格环保执法。加强企业审批、验收和后期监管，建立建设项目长效全程监管机制，防止上污染项目。治理不达标的，坚决要求停业整顿或予以关停取缔。

（5）加快农村环保项目的力度。加快农村环境保护项目的力度，遏制污染和生态破坏，加强环境保护队伍建设。一方面，继续加大对现有人员的教育和培养；另一方面，引进高层次的人才开展生态环境保护工作。各级生态环境保护部门和环保工作者要向群众广泛宣传党和国家关于环境保护的方针政策。同时，要充分利用广播、电视、报纸等新闻媒体，加大宣传力度，提高全民的环保意识，加大农村生活污染治理力度。

（6）全面规划制定发展生态经济和循环农业的制度和方针。建立经济社会和资源环境协调发展的综合决策机制。必须把生态环境建设与产业发展和资源开发、农牧民脱贫致富、区域经济发展结合起来，处理好长远与当前、全局与局部的关系，坚决摒弃"先污染后治理""先破坏后恢复"的发展模式，促进经济效益、社会效益与环境效益的协调发展。

（7）大力开展农村生态示范园创建活动。停止一切可能导致生态功能继续退化的人类活动，对已经破坏的重要生态系统进行重建与恢复。重点资源开发区的生态环境需实施强制性保护。强化环境影响评价制度，健全、完善有关的法规和制度。重点加强对矿产、物种、草地、森林、水土等重要自然资源开发和旅游业的环境监管。加强农牧区环境综合整治，建设和管好各类自然保护区，积极开展生态示范区建设，树立一批经济、社会和环境协调发展的样板。

（8）推进经济增长方式的转变。推动生态农牧业和生态产业的发展，优化农牧业结构，避免粗放型农牧业增长方式；加强小城镇发展的环境保护，避免布局零乱、无序开发的小城镇发展模式；坚持生态建设与生态保护并举的方针，跨越生态工作重建设、轻保护、高投入、低效益的传统发展阶段。建设社会主义新农村，必须搞好总体规划和具体部署，坚持规划先行，抓好试点示范，有步骤、有计划、有重点地逐步推进。城乡一体化并非是城乡一样化，建设社会主义新农村也不仅仅是建设新村庄。要按照城镇建设理念，对照小康村标准，编制新农村建设规划，根据城郊型、富裕型、路带型、工矿型等不同类型，加强分类指导，推进合村并点，建设多层住宅，完善基础设施，提高公共服务水平。全面实施农村环境卫生综合整治和"一池三改"，搞好水、电、路、医院等基础设施建设，改善农村整体面貌和生产生活条件。

（9）加大环境保护的资金投入。增加对环境保护和经济发展的投入，改善交通状况，是提高人民群众生活水平的现实需要。一般情况下，经济发展能力薄弱的地区，环境保护的能力也相对较弱，而且为了摆脱贫困和解决温饱问题，所发生的经济活动对生态环境的影响极易导致环境破坏与经济贫困的恶性循环。因此，需要尽快地改善交通状况，促进环保和经济发展。在实施国家提出的退耕还林、还草的重大战略决策时，必须给还林（草）者以足够的动力和帮助，千方百计地保障退耕还林（草）群众的吃、烧、用等基本生活资料的供应，在资金、种苗、技术上给予支持，确保退得下，还得上，稳得住，不反弹。

（10）抓好精神文明建设，构建和谐乡村。积极开展文明乡村创建活动，健全完善村规民约，加强"八荣八耻"教育，倡导健康、文明、科学的生活方式，积极开展"文明一条街""文明小康村""文明生态村"的创建活动。

发展农村经济，保护农村环境，这是我国农村发展的客观要求，是我国的国情和农村的环境形势决定的。过去的一些教训告诫我们，在农村经济发展中，如果不注意环境的保护，不及时采取有效的措施，经济的发展只是暂时的，若干年以后将会减缓农村经济发展的速度，制约农村经济的持续发展。实践已充分证明，没有一个可供持续利用的农业自然资源，没有一个良好的农村生态环境，就不会有持续发展的现代农业，就不会有持续发展的农村经济，也就没有广大农民真正的小康生活。

第四章　县域生态经济发展分析

第一节　县域生态经济发展的基本特点

一、县域生态经济发展的基本特点

（一）县域生态经济发展的特点

（1）重短期效益，轻长期利益：生态效益没有进入考核领导业绩的指标体系，因此，经济效益的增长是政府主要追求的目标。

（2）重经济效益，轻生态效益：在市场经济条件下，县域引进项目往往是重视经济效益，忽视生态效益。

（3）县域生态环境恶劣：改革开放以来，县域经济得到持续的高速增长，但同时也付出了巨大的生态环境代价。据统计，全国约有1/3的耕地受到水土流失的危害，还有一部分的农田及草场受到沙漠化的威胁。这些都从根本上违背了生态文明之路，制约着县域经济的可持续发展。

（4）资源利用率低：多年来，我国县域经济产值的增加靠消耗大量的资源来换取，由此导致经济社会发展与人口资源、环境、生态之间的矛盾日益尖锐，资源短缺、生态恶化、环境污染已成为制约县域工业和县域经济发展的瓶颈。在县域经济发展的同时，自然资源不断退化，资源基础持续减弱，一些主要自然资源已出现严重短缺，保证程度下降，对县域经济社会的发展构成严重的制约，资源供需前景不容乐观。

（二）县域生态经济发展面临的矛盾

（1）县域经济总体保持较快发展，生态效益则很难持续。县域经济在全国经济发展中占据了相当高的份额。根据国家统计局的数据，截至 2006 年年底，我国列入县域经济统计范围的有 2072 个行政单位，全部县域单位人口总数超过 9.62 亿，约占全国总人口的 73%；地方财政一般预算收入为 4734 亿元，比上年增长 25.9%，约占全国的 1/4；城镇固定资产投资 36656 亿元，比上年增长 29.8%，约占全国的 40%；规模以上工业总产值 133239 亿元，比上年增长 32.2%，约占全国的 42%。县域经济的 GDP 约占全国 GDP 的 60%，全社会商品零售总额、实际利用外资等指标都占全国的 1/3 左右。但生态效益没有纳入地方政府领导考核的指标体系，经济增长作为其追求的主要目标，一方面，是边污染边治理，先污染后治理的现象比较严重，另一方面，地方政府虽然重视生态效益，但确未能处理好经济效益和生态效益的关系，不切实际的规划"生态"工程，不仅不能促进县域的生态效益，反而侵害了县域的经济效益，生态经济发展的总量远远落后于县域经济的增长。

（2）发达县域重经济发展，轻生态效益。据国家统计局统计，2005 年，全国百强县人口占全部县域的 7.7%，行政区域面积占 1.3%，实现的地区生产总值占全部县域的 1/4 强，地方财政一般预算收入占 1/3 强，规模以上工业总产值占 46.7%，出口总额占 2/3。人均 GDP3.4 万元，农村居民人均纯收入 6495 元（2006 年，国家统计局未开展全国百强县评比工作），在全国县域经济乃至整个国民经济中占据突出地位，成为推动我国工业化和城镇化进程的一支重要的基础性力量。在县域发展中，经济效益往往作为项目建设和项目投资的主要选择标准，生态效益往往被忽略。企业发展中依然有私自排污屡禁不止的现象，这种现象实质上是经济表面增长而综合效益却在下降。长此以往，县域发展会受到阻碍。

（3）县域经济成功发展和生态滞后发展的矛盾。全国三大类富有特色的县域发展模式都存在着重经济，轻生态的现象：

第一类，广东模式。即依托良好的区位优势，大力发展两头在外的劳动密集型产业，部分产品占据了国内外市场的很大份额，但存在先污染后治理的问题。

第二类，江浙模式。即大力发展乡镇企业、民营经济，通过块状经济振兴县域。目前，江苏和浙江的县域经济已占全省经济总量 70% 左右的份额，但环境基础设施建设滞后，生活垃圾无害化处置率、工业危险废物和医疗废物集中处置率均为零，污水处理厂等一些重点项目进展缓慢，各开发区、工业园区均无污水集中处理设施。一些污水处理厂厂外管网尚未完全配套，污水收集率偏低，不能满负荷运行，城乡污水集中处理率只有50%左右。环城公路尚未建成，大量矿物、建筑渣土运输车辆穿城而过，城区道路运输泼洒扬尘污染较为严重。不合理的资源开发增加了环境污染。

第三类，山东模式。即一方面依托区域优势实施对外开放，另一方面依托专业化市场大力推进农业产业化。此外，不少县域依托比较优势，积极寻求符合当地实际的发展路子，也积累了诸多成功经验，如依托能源、矿产和旅游、优势农产品发展的资源型发展模式、在中心城市周边发展制造业基地的配套型发展模式等，但不合理的资源开发加剧了环境污染，如一些煤矿、磷矿企业的废水直接排放到田间地头、沟渠河流，被部分农户用来作为灌溉水源，破坏了生态，也污染了农作物。

（三）中国县域生态经济发展的对策

（1）坚持科学发展观，把环境保护摆在更加重要的战略位置。必须充分认识环境保护形势的严峻性和复杂性，认真贯彻落实党的十七大精神，牢固树立生态文明观念，把环境保护作为经济又好又快发展的重要抓手，坚持走生产发展、生活富裕、生态良好的文明发展道路，建设资源节约型、环境友好型社会；坚持在科学发展中促进环境保护，在保护环境中实现科学发展，做到不要牺牲环境的发展，不要浪费资源的增长，不要未经环境评价的建设；下决心解决好发展中的各类环境问题，尤其将改善大气环境质量作为当前乃至今后一个时期的主攻目标。

（2）大力发展循环经济，着力解决结构性和布局性污染。必须转变经济增长方式，走生态工业化道路。充分发挥国家循环经济"双试点"县域的优势，制订和实施循环经济推进计划，同时，严格执行国家产业政策和环保政策，提高环境准入门槛，严禁新上浪费资源、污染环境的项目，坚决淘汰高消耗、高排放、低效益的落后生产能力，鼓励发展清洁能源项目。

（3）深化环境污染防治，努力削减污染物排放总量。严格执行环境影响评价制度，各类建设项目、区域规划以及各类开发建设专项规划均要进行环评，从源头上防止新的环境污染和生态破坏，努力实现增产不增污或增产减污。继续开展以"节能、降耗、减污、增效"为重点的清洁生产审核，积极推行ISO14000环境管理体系认证，实现污染全过程控制。

（4）全力推进环保重点工程，着力解决突出环境问题。必须加大环保投入，加快实施环保重点治理工程。同时，要加快城镇生活污水处理厂、垃圾处理和危险废弃物及医疗垃圾处置中心建设。

（5）统筹城乡环境保护，着力推进生态城镇建设。切实加强农村环境保护，杜绝污染严重企业向农村转移，促使环境污染和生态破坏严重的乡镇工业进区入园。实施农村小康环保行动计划，大力推广生态农业、生态能源和生态经济，解决农村环境"脏、乱、差"状况。深入开展矿业秩序治理整顿，严格实行矿山分类、分区管理，调整优化矿业结构及布局，压缩小型矿山的数量。建立矿山生态建设保证金制度，多渠道筹集资金，加快治理修复矿山生态环境。加强自然保护区建设与管理，采取有效措施保护林地、湿地。

（6）完善环境保护机制，切实把环境保护任务和责任落到实处。切实加强和改进对环境保护工作的领导，真正把环境保护融入经济建设主战场。严格执行环境保护目标管理责任制，实行创先评优环境保护一票否决制。完善环境保护投入机制，把环境保护投入作为公共财政支出和预算保障的重点。积极引导社会资金参与环境保护基础设施建设，形成政府、企业、社会多元化的环保投融资机制。加强部门协调，完善联合执法机制，依法严厉查处环境违法行为和案件。深入开展环保专项行动，督促有污必治、治污必清，切实解决危害群众身体健康、影响可持续发展的突出环境问题。建立环境保护综合决策机制，完善环保部门统一监督管理、相关部门分工负责的环境保护协调机制，建立灵活高效、协调有力的联席会议制度。积极开展生态文明观和环保知识宣传教育工作，增强全社会生态文明观念与环境保护意识。

（四）生态县镇经济发展特点

（1）生态城镇建设是区域可持续发展的重要内容。尽管建设标准，建设方法不一，但人居环境和城镇的生态化趋向确实是共同的目标。

（2）生态城镇的实践日趋注重具体的设计特征和技术特征。根据城镇现实问题提出实施生态城镇的具体方案和城镇生态文化发展模式，其理论与生态城镇实践的结合趋于紧密。

（3）产业是生态城镇发展的基础。生态产业尤其是生态工业及其园区设计对生态城镇的发展尤为重要，它往往决定着生态经济系统的功能和价值实现大小。

（4）生态城镇系统与生态系统的关系。生态城镇是把城镇视为一个生态系统，建设生态城镇要针对不同类区的生态系统特征、问题、区域发展战略来确定城镇生态建设的模式定位。

二、中国县域生态经济发展存在的问题

我国多年的实践经验证明，单纯依靠治理的方式很难彻底解决资源问题和生态问题。作为一个发展中国家，我国现阶段以追求物质财富增长为核心的传统发展观不可能在短期内发生转变。部分地方政府对发展生态经济的重要性认识不足，没有真正树立正确的政绩观，重开发、轻节约，重视经济增长、轻环境保护的现象仍然十分普遍。一些企业一味地追求利润最大化，对环境关注度不高。技术的制约也是生态经济发展过程中不可忽视的问题。目前，虽然我国在循环经济利用和资源节约方面取得了一些成绩，但从整体上看能够提供的成熟的生态技术还远远不够。这主要是由于基础性研究欠缺，缺乏跨学科交叉学科的系统研究，基础数据积累不足，缺少具备自主知识产权的集成技术与设备等原因。我国生态经济制度的不完善也是生态经济面临困境的重要原因。尽管国家出台了一系列生态保护方面的制度安排，很多地区在治理方面投入了大量资金，但这些措施却无助于整体问题的解决，具体表现如下：

（1）工业三废排放问题。生态环境承载着巨大压力，主要污染物减排任务艰巨。政府下达的"十一五"污染减排目标任务，既要消化现有的污染物存量，同时还要消化"十一五"期间产生的增量，面临着经济要发展、污染要减排的双重压力。

（2）县域空气环境质量问题。工业布局不合理，工业区与居民区之间缺乏科学合理的过渡区域，事故性排放时有发生，在大气扩散条件差等不利情况下，加剧了空气环境污染。

（3）农村环境保护形势较为严峻。农村环境保护机制不完善，监管能力与资金投入不足。小矿山、小选厂、小烧结分布较散，工艺水平不高，污染处理设施不配套，环境污染与生态破坏严重。小城镇及农村生活污水、生活垃圾处理设施匮乏，单位面积耕地农药、化肥使用量大大超出全国平均水平，农村面源污染不断加剧，加之工业污染和城市生活污染的影响，多数中小河流水质恶化，一些乡村饮用水存在安全隐患。

（4）农村废弃物污染严重。农村人畜粪便、农村生活垃圾和生活污水被认为是目前中国农村三类主要废弃物。据调查，农村粪便无害化处理率平均不到3%。有的地区粪便不经处理便直接排入江河，严重污染了水源和环境。农村生活垃圾和污水未能统一有效管理，农户的生活垃圾和污水随便倾倒，流向田头沟渠、池塘、路边，大量有害、有毒废弃物如废旧电池等严重污染着土地、

水源、庄稼，破坏了农村生态平衡。与此同时，城市垃圾场地一般都设在城镇郊区，农村承受了农村和城镇共同产生的生活垃圾。中国有 9 亿左右的农村人口，如果每人每年产生 0.3 吨计，全国每年合计将增加生活垃圾 2700 万吨。垃圾堆放的过程中，有机物分解，产生了多种酸性的代谢产物及水分，在雨水的淋滤作用下，垃圾中的重金属被溶解并随渗滤液流入到地表或渗入地下，垃圾中的病原微生物也可渗入滤液中，构成了有机物、重金属和病原微生物三位一体的污染源。

（5）农村乡镇企业污染。由于经济环境、基础条件及管理水平的限制，乡镇企业主要集中在造纸、印染、电镀、化工、建材等少数产业和土法炼磺、炼焦等落后技术上，大多数设备相对落后，产品技术层次不高，环境保护意识薄弱，因而环境污染严重。

（6）化肥、农药的大量及不合理施用引发污染。目前，农民在土地上投入的有机肥料大幅度减少，化学肥料的施用快速增长且氮、磷、钾使用比例不平衡，其结果导致土壤板结、耕作质量差，肥料利用率低，土壤和肥料养分易流失，造成对地表水、地下水的污染以及湖泊的富营养化。据统计，农业生产中氮肥的利用率为 30%～35%，氮肥的地下渗漏损失为 10%，农田排水和暴雨径流损失为 15%；磷肥利用率为 10%～25%，全国缺钾耕地面积占耕地总面积的 56%，20%～30% 的耕地氮养分过量。大量的氮和磷元素随农田排水或雨水进入到江河湖泊，导致水体的富营养化。同时，过量施撒农药、化肥，农业生产过程中生产的垃圾未能妥善处理，农用地膜、农药空瓶、化肥包装袋随意丢弃，难以在短时期内降解，严重地污染了耕地，造成一部分农作物减产。

三、县域生态经济发展基础分析

（1）建设生态经济功能区。其实质是资源保护与经济发展的有机结合，摒弃了"就保护而保护，就发展而发展"的传统思想，走的是一条在保护中发展，在发展中保护的生态发展之路。着力加强经济调控，提高资源利用效率，推进节能减排，重点支持经济效益好、资源利用率高、环境污染小的循环产业龙头项目，坚决抵制高耗能、高污染、低效益的非环保类项目入驻。加快推进新型工业化进程。新型工业化的基本标志是"科技含量高、经济效益好、资源消耗低、环境污染少、人力资源优势得到充分发挥"，并实现这几方面的兼顾和统一。在发展的过程中，"经济与生态"是个"两难"问题，但以可持续发展的眼光看来，则可以说绿色也是一种资本，以绿色理念指导经济发展，"经济与生态"完全可以实现"双赢"。

（2）依靠生态工农业发展绿色产业。发展生态型经济，实行生态环境联席会议制度和专家咨询制度，对建设项目实行生态环境一票否决制，严把生态工业关。发展高新技术产业，走低污染、低能耗、高产出之路。在发展生态绿色农业中，把基地建设与农业标准化、农业产业化、农产品优势区域布局、农产品质量安全管理和生态环境建设有机地结合起来，增强建设内涵和发展后劲。完善农业生产管理体系，实施程序化生产、档案化管理，全面提升生态绿色农业生产标准化水平。

（3）依靠环境求改变。县镇在创建生态环境上投入了大量的人力、物力、财力。绿化镇、村的环境，提高农民的生活质量，生态经济发展了，农民的收入增加了，生态建设取得了成果，农民的生态意识就会更强，生态县镇建设就奠定了环境基础。

（4）借鉴国外的经验。

① 加强保护自然生态系统，维护生态平衡的意识。德国经济合作部部长曾提出："保护自然环境是德国发展政策的重点。"为了保护自然环境和生态系统，德国专门颁布法令规定，凡是被破坏的土地必须还原再造，以恢复原来的自然景观，并且根据需要进行重新全面规划。德国人民多年来致力于争取关闭核电厂的运动，宁肯多花钱也要用环保电力，以保护环境。

② 建立一套涵盖范围广的完善的法律体系。1972 年，德国通过了第一部环境保护法，其完备程度到目前为止在全世界仍名列前茅。其法律法规不仅具体完备，而且要求严格、执行有力。对生态的保护、废物的处理等都有非常严格的立法目标和标准。20 世纪五六十年代莱茵河水污染严重，鱼类已濒临绝迹，而今河水已达到饮用标准，这充分说明德国在环境保护方面的力度之强和成效之大。德国不仅有环保的基本法，而且有非常具体的单行环保法规，如《DDT 法》《洗涤剂法》《飞机噪声法》等，形成了一整套健全的法律体系。法律规范深入到生产和生活的各个方面，先后颁布了《循环经济和废物清除法》《联邦侵扰防护法》《环境监测法》《环境信息法》等，使环境保护法律规范渗透的范围更广。

③ 加大高科技投入。在目前全世界所开发的生态技术中，英、美、日等发达国家占了 25％左右，而德国一国就占到 18％。环保工业在德国正日渐成为朝阳产业，已占其 GNP 的 2％左右。德国人认为，应通过技术和立法促进环境质量的提高，而环境技术产业则应成为整个工业的一部分，由市场促进其发展。

四、县域生态经济潜力分析

（1）建立立体的生态产业体系。利用立体生态产业技术可以链接出生态产业系统中的循环产业结构，通过生物生产的时空配置和立体生产技术在生态系统中形成稳定的生物良性循环的多级利用机制，使系统与系统之间形成产出与共给的体系，拓宽资源开发和利用的空间，充分利用自然资源，增加生态效益，实现产业资源的可持续利用。

（2）建立绿色的生态产业系统。生态产业为绿色食品的生产和发展提供了基础条件，绿色食品又为生态产业提高了经济价值，是生态经济发展的载体，绿色食品推动生态经济的发展。

（3）积极发展生态种植业。经济欠发达地区要积极发展生态种植业。生态环境建设虽然是这些地区长远发展的根本所在，但由于其建设周期长，见效慢，经济效益低，会影响短期经济发展和人民生活。因此，加强这些地区的生态环境建设，既要处理好经济效益和生态效益的关系，又要处理好当前利益和长远利益的关系。如在荒漠化地区，应发展经济林木、草种，将恢复生态环境和发展经济相结合，提高资源利用率；在水土流失区，应以种树植草和退耕还林（草）工程以及天然保护工程为重点，尤其要加强对现有天然林和草场的保护管理。这是改善生态环境最经济和最快捷的方法，也是改善生态环境最重要的工作。以退耕还林为契机，大力调整经济结构，因地制宜，培植新的经济增长点和增长源。推广新型的农业科学技术，增加科技含量，逐步实现由传统种植业向生态种植业的转变。

（4）坚持国家、地方、集体、个人相结合，多渠道筹集生态建设资金。我国的生态脆弱地区经济落后，地方财政都比较困难，完全依靠地方及群众搞水土流失治理不太现实，必须多渠道筹集资金。目前我国在生态环境建设上投入总量不足，投资标准低，已经严重地影响了我国生态环境建设的进度和质量。国家可以选择一些对全国生态建设有全局意义和重要影响的生态脆弱区，利用中央政府的财政转移支付，加大生态建设的投资力度。地方政府应当制定优惠政策，鼓励集体和个人投资参与生态建设，多方面筹集生态建设基金。

五、发展县域生态经济必须打破城乡二元结构

党的十七大报告提出"城乡经济社会一体化发展"，有深刻的历史背景。城乡关系历来是影响我国发展和稳定的战略性问题，"城乡互助"的思想作为

基本经济纲领在建国初期具有临时宪法地位的《共同纲领》中就已经被提及。但在实践中，出于对快速实现中国工业化的战略追求，在 20 世纪中叶后的漫长岁月中，城乡关系的实质基本上是农业和农村支持工业和城市的发展。并通过一系列差异化的制度设计，形成并强化了城乡的二元结构。

城乡二元经济结构是指发展中国家传统部门比重过大、现代经济部门发展不足以及城乡差距十分明显的一种状态，这是我国目前经济结构存在的突出问题。这一问题不解决，全面建设小康社会的宏伟目标就不可能实现。"生态文明"建设必须打破城乡二元经济结构。打破城乡二元经济结构的关键是实现制度创新，统筹城乡经济社会发展，实施城乡一体化发展战略。

第二节　加快县域经济的城乡一体化进程

由于特殊的国情，我国选择了优先发展重工业的道路，采取向城市倾斜的政策，最终导致城乡对立的二元经济结构。改革开放以来，我国的城乡二元结构不断变化，城乡差距反反复复，但城乡对立的状况没有根本改变。长期形成的城乡二元结构弊端日益明显，严重影响了区域乃至整个国家的持续发展。城乡一体化是可持续发展的要求，也是建设社会主义新农村，全面实现小康社会的必然选择。城乡如何协调发展已成为政府和学术界广泛关注和迫切需要解决的问题。众多学者就城乡协调发展的目标、动力机制、制约因素、措施对策等作了许多研究与分析。

一、城乡一体化理论和实践

城乡一体化是中国首创的词汇，但其思想渊源在马克思、恩格斯的"城乡融合"观点中早就有所体现。在城乡一体化的实践中，一些发达国家成熟的模式给发展中国家以很大的参考价值。

（1）城乡一体化理论。从本质上看，城乡一体化解决的核心问题是"城乡二元"。一直以来，西方学术界对于"城乡二元"的研究，基本上从两条平行脉络展开：一条是对于"经济二元"的研究，侧重点是工农产业关系，发端于刘易斯的"二元经济结构论"；另一条是"空间二元"的研究，侧重点是城乡关系，代表人物是弗里德曼、麦基等。两条脉络平行推进并由此带动了发展经济学和空间经济学的大跨步发展。对城市规划学界而言，最早的城乡一体化思想发端于霍华德的"田园城市"，但彼时也仅仅作为一种思想启蒙存在。直到20世纪80年代，加拿大学者麦基（T. G. Maggie）基于对亚洲城市化模式的大量实证研究，提出的以城乡一体化区域（Desakota）为基础的城市化空间模式才真正对空间规划产生具体的指导作用。

（2）城乡一体化实践。城乡一体化是改变城乡二元结构、缩小城乡差距、促进城乡协调发展、全面实现小康社会与现代化的重要战略举措，也是我国新时期构建和谐社会的重要内容和重要体现。2008年《城乡规划法》的颁布实施，进一步强调了规划的公共政策属性和"一级政府一级事权"的原则。规划作为政府职能，第一不能超越其行政辖区，第二不能超越法定的行政事权。经过多年的探索实践，城乡二元结构的体制性障碍正在破除，生态环境得到有力保护，以工促农、以城带乡、城乡互动、统筹发展的体制机制正在形成，城乡同发展、共繁荣的良好局面初步呈现，中国正在逐渐走上科学发展之路。

（3）推进城乡一体化，处理好各种关系。

① 处理好政府与市场的关系，准确定位政府职能，完善市场机制，明确政府与市场的作用。

② 进一步推进产业演进，为经济持续快速发展创造良好的环境；构建促使支柱产业迅速扩张的支撑服务体系，促进城镇和乡村产业合理布局，健全分工协作的产业支持机制。

③ 切实落实各项社会保障措施，加大对农村社会保障体系的财政支持力度，深化农村卫生体制改革，建立多层次、多类型的农村医疗保障制度，大力增加农村教育投入，统筹城乡教育事业发展，建立完善的农村劳动力培训体系。

④ 深化土地制度、户籍制度、流通体制、产权制度的改革，完善各种法律法规，从立法上保障城乡一体化的顺利进行。

二、城乡一体化的发展目标、原则及特点

（一）城乡一体化的发展目标

城乡一体化是一种区域社会经济发展战略，首先，以实现城乡共同繁荣为目标，强调在以城带乡的同时，要以乡补城，合作互补，共同发展。其次，城乡一体化是以城乡协调、统一、均衡发展为核心的总体战略。要通过行政管理上的协调统一、经济发展中的均衡布局、人口的有序集聚和文化上的均衡发展实现城乡协调发展。

生态农业产业化、农村工业生态化和农村城镇化是城乡一体化发展的主要动力。农业产业化的发展也提高了城镇化的水平，加快了城乡融合。专业市场的建设促进了小城镇的发展，农民致富后向集镇的聚集和加工业的发展，加快了小城镇和农村地区的基础设施建设，农业产业化发展也推动了城乡生产要素的优化配置，加快了城乡一体化步伐。

因此，要加强城乡一体化规划、小城镇发展规划、农业产业化发展规划等方面的研究，实现农业产业化、小城镇、城乡一体化的良性循环。要加大政策扶持力度，加快农业龙头企业向专业工业园区集聚。要加强土地管理机制和小城镇经营管理体制的改革，推进农业人口转移和基础设施建设。要加大科技投入，促进农业主导产品的升级换代。要积极开展行政区域调整，加快中心村和小城镇建设步伐，推进农业产业化和城乡一体化进程。

（二）城乡一体化的特点

一体化发展要完成城乡资源的高效综合利用，实现生产要素在城乡之间的自由流动，做到公共资源在城乡之间均衡配置，经济发展与社会发展相结合。城乡一体化具有如下特征：

长期性——城乡一体化是一个长期的战略，不可能在短时期内实现。

整体性——兼顾城市与乡村的协调、统一与均衡。

地域性——城乡一体化的载体是以城市为中心的一个有限度的辐射区域。

互动性——城乡互动。

双向性——城市化与逆城市化并存。

广泛性——涉及城乡不同的发展阶段以及方方面面。

（三）城乡一体化的发展原则

（1）统一规划原则。实施城乡一体化战略，必须立足于区域经济和社会现实，树立科学发展观，坚持规划先行，适当超前，合理布局。完善产业布局、城镇布局和村屯布局规划，以及交通电力、供水供气、文教卫生、环保绿化等各项规划，用规划统领城乡一体化全局。立足现实，集中力量启动一批重点工程，循序渐进，分步实施，整体推进，全面提高整个区域经济社会发展的协作程度。

（2）市场运作原则。实施城乡一体化战略，必须充分发挥市场机制在推进城乡一体化进程中的重要作用。在尊重农民意愿、遵循市场经济规律的前提下，强化政府宏观规划与组织协调职能，加快城镇土地开发和农村耕地流转，加快城市化进程，促进农民增收，使市场牵引力与政府支持力有机结合，开发资源、集聚资金，加快城乡一体化建设步伐，不断缩小城乡差距。同时，城乡一体化是一项系统工程，涉及的利益主体较多，要坚持依法行政，保证各项政策措施与上级政策相符，与人民群众的根本利益相符，保证程序合法化，做到既重效果，更重过程，避免造成新的不稳定因素。

（3）双向互动原则。实施城乡一体化战略，必须注意既调动政府各部门的积极性，又要调动农民群众的积极性。要强化中心城区建设，加快城市化进程，发挥城市对农村的带动作用，推动城市基础设施向农村延伸、城市公共保障向农村覆盖、城市现代文明向农村辐射。同时，还要更加重视农村的建设与发展，推动工业企业向园区集中、农村劳动力向非农转移、农村人口向城镇集聚，实现以城带乡、以乡促城、城乡结合、优势互补，形成城市与农村互为资源、互相促进、共同发展的格局。

（4）以人为本原则。实施城乡一体化战略，必须把人民群众的根本利益放在首位。要满足人民群众多方面的需求，提高人民群众的生活质量，正确处理好人民群众根本利益和具体利益、长远利益和眼前利益的关系，科学制定经济和社会各项事业发展目标，通过实现城乡一体化，让广大人民群众得到更多的实惠。要把群众需求当作发展的动力，把群众的实惠作为发展的标志，尊重民意，群策群力，以人为本，推进城乡一体化的顺利实施。

（5）机制创新原则。实施城乡一体化战略，必须树立要有大作为、要谋大发展、要做大贡献的进取精神，创新思维方式、创新发展思路、创新工作方法，敢于突破传统的思维定式，创造性地开展工作。尊重群众的首创精神，充分调动广大干部群众的积极性和创造性，鼓励和支持广大干部群众开拓进取，使推进城乡一体化真正成为广大群众的自觉行动。

（6）资源共享原则。大力实施地企联动的发展战略，形成地企协作、城乡互动、资源共享、整体推进的发展格局。生态环境并不等同于自然环境。各种天然因素的总体都可以说是自然环境，具有一定生态关系构成的系统整体才能称为生态环境。生态环境仅是自然环境的一种，二者具有包含关系。资源则是指一切对人类有用的事和物。

三、主要对策措施

（1）积极开展行政区划调整，加快中心村和小城镇建设步伐，推进农业产业化和城乡一体化进程。

（2）着眼于基础设施一体化，切实提高承载能力，高度重视配套设施建设。加快供水饮水安全工程，完善小城镇供电网络，统筹规划建设信息基础设施，形成高标准的小城镇信息网络体系。强化小城镇生活垃圾收集系统建设和固体废弃物的综合治理，抓好环境综合治理。

（3）着眼于公共服务一体化，全面发展社会事业，努力把小城镇建设成为农村公共服务的辐射区。

（4）着眼于产业发展一体化，加快转变发展方式，努力把小城镇建设成为低碳绿色经济的培育区。发挥小城镇交通便利、设施完备、地平水浅等比较优势，以项目建设、一产一业、全民创业为抓手和载体。

（5）全力发展循环经济。在工业生产层面，重点抓好生态工业的技术改造，全面推广废渣综合利用、废气取暖发电、冶铸加短流程工艺等技术，吃干榨尽，延伸产业链条。在农业生产方面，重点利用种植业和养殖业废弃物，积极发展沼气（秸秆气）等新型能源，形成"种植养殖—秸秆粪便—沼气秸秆气—沼渣沼液—绿色农业"完整的循环体系，实现生态农业的可持续发展，如图 4-1 所示。

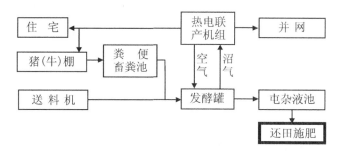

图 4-1　禽畜粪便加农作物下料的沼气发电工程流程

（6）加大政策扶持力度，加快农业龙头企业向专业工业园区集聚，加强规划引导，强化小城镇在城乡一体化建设中的龙头带动作用，加快土地管理制度创新，推进农业人口转移和基础设施建设，加大科教投入，促进农业产业化升级，为城乡一体化发展提供新的支撑。

（7）全面加强生态环境建设。打造绿色通道，以低碳理念打造生态产业，以生态文化县为目标，以创建生态镇活动为载体，大力实施生态绿化工程，完成环城高速的绿化、美化，继续组织实施好退耕还林、公益林保护、绿化等一批造林绿化工程，确保城乡的森林覆盖率稳步上升。

四、建设城乡一体化的良性互动战略

胡锦涛同志提出"两个趋向"重要论断，指出我国从总体上已经到了工业反哺农业、城市支持农村的发展阶段。

（1）推动城乡和谐发展。解决好农业、农村、农民问题，事关全面建设小康社会的大局。不容忽视的是，当前还存在不少影响社会和谐的因素：城乡差距较大、区域发展不平衡、很多与群众密切相关的生产生活问题需要解决、民主法制水平需要进一步提高。

（2）推进城乡发展规划一体化。把农村和城市作为一个有机整体，在统一制定土地利用总体规划的基础上，明确分区功能定位，使城乡发展能够互相衔接，互相促进。

（3）推进城乡基础设施建设一体化。加大对农村基础设施投入的力度。特别是要增加对农村道路、水、电、通信和垃圾处理设施等方面的建设投入，提高上述设施的质量和服务功能，并与城市有关设施统筹考虑，实现城乡共建、城乡联网、城乡共享。

（4）推进城乡公共服务一体化。加快完善公共财政体制，加大公共财政向农村教育和公共卫生等方面的转移支付，尤其要加大中央和省级政府的投入力度，在大力提高农村公共服务水平的同时，还要注意从体制机制上推进城乡公共服务一体化。

（5）推进城乡劳动力就业一体化。将农民就业问题纳入整个社会的就业体系中，逐步把对城镇失业人员再就业和培训等方面的优惠政策落实到农业富余劳动力身上。

（6）推进城乡社会管理一体化。建立有利于统筹城乡经济社会发展的政府管理体系，改变一些地方政府重城市、轻农村，重工业、轻农业，重市民、轻农民的做法，充分发挥政府在协调城乡经济社会发展和建立相关制度方面的作用。

五、县域经济发展中城乡一体化统筹的意义

推进城乡一体化发展意义重大，城乡一体化，就是把城市和农村作为一个

有机整体，促进城乡资源优化配置，推动城乡之间统筹协调和共同发展的过程。胡锦涛同志在党的十七大报告中强调："走中国特色农业现代化道路，建立以工促农、以城带乡长效机制，形成城乡经济社会发展一体化新格局。"推进城乡一体化发展，是全面深入推进科学发展观的实践要求，我们要积极探索，锐意创新，大力推进城乡一体化发展。

（1）推进城乡一体化发展是我们必须坚持的战略思想。城乡一体化反映了城市与农村发展中本质的和必然的联系，贯穿于新型工业化、区域城市化、农村现代化的全过程，不是权宜之计，而是战略之举。

首先，这是加快新型工业化进程的必然要求。新型工业化是人类生产方式的演进，既是一个调整产业结构的过程，也是一个转变增长方式的过程。从历史来看，随着工业化的加快推进，极大地彰显了现代化城市的经济特征，提高了城市经济的竞争实力。与此同时，由于人口向城市流动、工业向城市集中，形成了城乡二元结构，即发展中国家存在的城市以工业为主的先进的现代经济、农村以农业为主的落后的传统经济的结构状态。这一状态不仅影响工业发展的进程，也阻碍增长方式的转变。工业与农业是相互联系、相互促进的。没有农村的资源，工业难以起步；没有工业的带动，农村难以发展。一方面，工业要向农业延伸，用现代工业来装备农业生产、转化农业资源、提高农业效益、带动农村工业化；另一方面，工业要向农村转移，将产业配套、初级加工、物流仓储等扩散到农村地区，走向工业乡村化。这就要求突破二元机构、打破二元体制。从世界范围来看，任何国家的工业化道路，都包含着从农业经济到二元经济，再从二元经济到现代经济一体化这样两个过程。推进城乡一体化发展，有利于改变长期以来城市与农村的双重工业化格局，为新型工业化开拓广阔的空间。

其次，这是提高区域城市化水平的必经阶段。一个区域的城市化，一方面，表现为吸纳集聚的过程，即城市化的初级阶段，农村人口、生产要素加快向城市集中，如我们经常所说的"富人进城、穷人种田""能干人进城、老实人作田"，必然导致城乡分离；另一方面，表现为扩散辐射的过程。随着城市能量的扩大、产业的升级，又要求拓展地理空间、转移初级产业、走向城乡融合。这是城市化的普遍规律。也正是由于城市化不同阶段的集聚辐射的梯度作用，形成了功能互补的"城市群"和"都市圈"。长期以来，我们的城市以行政区划为单位，以单中心、圈层式、"摊大饼"的方式在扩张，既影响了城市的集聚，又影响了城市的品质。解决这个问题，迫切需要打破城乡二元结构、创新城市发展方式。城乡一体化就是实现城市化的一条新途径，既包括农村的城市化，又包括城市的现代化，即人口的城市化和结构的城市化。

第三，城乡一体化是推进农村现代化建设的必由之路。农村现代化是全面现代化的基础。没有农村的小康，就没有全面的小康；没有农村的现代化，就没有全面的现代化。我们的城市是以行政区划为单位的城市，还不是一个完整意义上的"城市"，除了城区，还有广袤的农村地区。城乡之间差距过大，是发展中国家普遍存在的"现代化陷阱"。在传统的分工体系中，大城市对中小城市、中小城市对农村，形成了一个垂直抽取的经济结构，构成了"财富向城市集中、贫困向农村集中"的怪圈。加之我们在建国初期以来实行城乡二元体制，割裂了相互依存的城乡发展关系，没有把农村社区建设、农业发展、农民转移等与城乡一体化密切相关的问题一并纳入城市有机整体，造成区域分割、资源分割和城乡分割，导致了当前农村的基础差、投入少、发展慢。要推进农村现代化，就必须打破城乡二元体制，加快城市的基础设施向农村延伸、城市的公共服务向农村覆盖、城市的现代化文明向农村传播，构建和谐共生的城乡关系，形成共同繁荣的良好局面。

（2）推进城乡一体化发展是我们必须面对的紧迫任务。这些年来，我们面对不同发展时期的主要矛盾，主动作为，积极化解，保持了经济社会快速发展的良好态势。但是，城乡二元体制导致发展不协调、不平衡的问题仍然存在，并逐渐上升为经济社会新一轮发展的主要矛盾。推进城乡一体化发展，已经成为当前我们必须面对的紧迫任务。

首先，这是优化资源配置、促进城乡互动发展、增强整体实力的根本出路。实践证明，提升一个地方的整体实力，必须推进城乡一体化发展。苏州、嘉兴等城市的整体实力强劲，一个重要的原因，就是县域经济发达，所辖的县（市）均跻身全国百强前列。但是，我们农村经济发展的基础还不够牢、城市资源配置的空间还不够大。忽视城乡联系，无论是就"三农"抓"三农"，还是就城市抓城市，都是行不通的，既影响资源的优化配置，又妨碍城乡的共同发展，其结果必然导致农村的发展缺乏动力、城市的发展缺乏基础、区域的发展缺乏后劲。通过城乡一体化发展，构建市域城镇体系，使之成为农村资源引向城市的介质、城市资源辐射农村的载体，不仅有利于发展空间的扩张和资源要素的流动，而且有利于提高中心城市的带动力、增强区域发展的整体性。

其次，这是切实改善民生、缩小城乡之间差距、构建和谐社会的根本举措。长期存在的城乡二元体制和居住地域差异，造成了城乡之间的鸿沟，导致了城乡居民之间思想文化认同上的差别。农民受歧视的现象严重存在于城乡交往的许多方面，增加了融洽城乡关系的难度。更重要的是，强化了农民对土地的依附关系，拉大了城市与农村的相对差距。不仅表现在城乡之间公共资源的不均衡配置，由于受到身份的限制，还使得一些长期建设城市、管理城市、服务城市的农民工，住在城市中间却不能称其为城市居民，创造城市生活却不能享受城市生活，不但其自身对城市缺乏归属感，而且其子女对社会缺乏信任感。特别是新生代的农民工，向往城市却不被城市所接纳，根在农村却对农村日益疏远。这种城里人对村里人、本地人对外地人的歧视，加剧了城乡之间的矛盾。在城市建设征地拆迁中，如何使农民失地不失利、失地不失业等这些问题，都必须通过城乡一体化发展来解决。只有打破农民对土地的依附关系，使农村人口自由流动、农村资源活化增值，产业向农村延伸、要素向农村流动，才能减少城乡矛盾、缩小城乡差距、实现城乡和谐。否则就只能头痛医头、脚痛医脚，问题会越积越多，解决会越来越难。

第三，这是统筹城乡发展、实现城乡共同繁荣、提高生活质量的根本途径。人类文明进步的历程，是城市和农村相辅相成、相互促进的过程。农村的发展为城市的繁荣打下良好的基础，城市的繁荣为农村的发展提供强大的动力。但一个不容回避的问题，就是城乡差距并没有缩小。城市像欧洲、农村像非洲固然言过其实，但是这种发展的鸿沟还是客观存在的。其原因就在于，长期存在的二元体制使农民无法将资源变成资产、将资产变为资本，无法通过市场来均衡配置资源、吸引社会投资、增加农民收入。只有城乡一体化发展，整合农业资源来加大农业投入、依靠农民投入来富裕农民生活，才能实现城乡共同繁荣、提高人民生活质量。

（3）推进城乡一体化发展是我们必须抢抓的历史机遇。站在新的更高的历史起点上审视城乡一体化发展，我们面临着难得的历史机遇。首先，机遇来自于扩大国内需求、确保经济持续增长的政策取向。推进城乡一体化发展，充分激发农村投资潜力，全面开发农村市场空间，就是对这一政策机遇的敏锐把握。其次，机遇来自于建设两型社会、合理高效利用资源的改革导向。第三，机遇来自于转变发展方式、调整优化产业结构的经济走向。为应对金融危机带来的挑战与困难，当前世界各地、各个城市都在转变发展方式、调整产业结构。着眼"后危机"和"危机后"甚至更长一段时间来考虑，这是一个十分清晰的经济走向。无论是发展方式转变，还是产业升级转型，都必将对资源配置和经济布局带来深远的影响，这既对城乡一体化发展提出了新要求，也为城乡一体化发展注入了新动力。调整产业结构的东西，在计划经济时期是生产主导，产业结构的调整主要在于生产环节；在市场经济时期是消费主导，产业结构的升级主要在于消费需求。现在城市需求呈现多样性特征，包括产品需求、文化需求和服务需求。如果我们把这些需求适时地导入农村，必将为产业结构的调整提供更大的回旋空间和更大的推动力量，加速城乡一体化发展。

（4）发展生态循环经济，完成产业结构与城乡空间一体化。全球最权威的独立环保机构——世界自然保护基金会（WWF）于2009年10月9日，发表了迄今为止最详尽的有关地球资源状况的报告。该报告称，如果按照目前消耗自然资源的速度和全球人口增长的速度测算，未来人类对自然资源的"透支"程度将以每年20%的速度不断增加。这意味着，到2050年，人类所要消耗的资源将是地球生物潜力的1.8至2.2倍，换句话说，到那时，可能需要两个地球才能满足人类对于自然资源的需求。资源、环境、人口等社会、经济和政治问题日益尖锐和全球化，人类的"生态足迹"从1961年以来已增长了2.5倍。当今人类平均的生态足迹为：平均每个人使用了2.2公顷的土地所能提供的自然资源，要想制止这一趋势，实现可持续发展，就必须采取四个方面的措施：通过改进技术降低能源消费，采用更为节约的消费方式，控制人口增长和保护生态系统。以最低的自然资源消耗，实现最大的生态环境利益，推动城乡一体化发展，实现可持续和高质量的生活。

第三节　发展生态经济，实现县域经济可持续发展

一、发展生态经济，建立县域循环经济发展模式

生态经济是20世纪60年代初期提出的，旨在摆脱现实社会面临的诸多困境。最初的生态经济，其理念没有确切的含义，其目标缺乏系统的构想，其路径也缺乏现实可行性。经过多年的发展，生态经济作为一种理念正在被越来越多的人所理解和接受，而且由理念上升为一种理论体系，随着实业家和政治家的加入，生态经济开始朝着人类社会中的一种经济形态的方向发展。人们越来

越认识到，片面追求经济增长必然导致生态环境的崩溃，单纯追求生态目标也处理不了社会经济发展的诸多问题，只有确保"自然—经济—社会"复合系统持续、稳定、健康运作，才有可能同时实现两个目标，从而实现人类社会的可持续发展。

生态经济既是生产不断发展与资源环境容量有限的矛盾运动的必然产物，也是实现可持续发展的一种具体形式，是把经济社会发展和生态环境保护建设有机结合起来，使之互相促进的一种新型的经济活动形式。

目前，中国正在大力推进循环经济，而生态经济正是循环经济的本质和核心，循环经济是按照生态规律利用自然资源和环境容量，将清洁生产和废弃物综合利用融为一体，以实现经济活动的生态化转向。循环是一种运动方式，而生态是一个科学体系。所以就发展经济而言，生态经济形态的含义要远比循环经济形态的含义全面。从实践发展看，清洁生产、工业生态学和循环经济是一组具有内在逻辑的理论和实践创新。

在中国大力发展生态经济具有特殊意义。中国是一个发展中大国，人口与资源的矛盾十分突出。走什么样的发展道路不仅关系到子孙万代的前途命运，而且对全球的发展都将产生重大影响。在反对发达国家无节制的消耗资源的同时，我国已经确定实施可持续发展战略。大力发展生态经济，无疑是其中的关键选择。

二、构建和谐社会必须发展生态经济

人与自然的关系和人与社会的关系，是现代人类社会的两种基本关系，而人、社会、自然是密不可分的和谐统一的整体。从人与自然的和谐、人与人的和谐这两个层面来理解和谐社会，"和谐"应是尊重自然规律、经济规律、社会规律的必然结果，是可持续发展的客观要求。和谐社会也是一种有层次的和谐，其核心层是人与人的和谐，即人与人和睦相处，平等相待，协调地生活在社会大家庭之中；其保证层是社会、政治、经济和文化协调发展，与和谐社会的要求相配套，基础层是必须有一个稳定和平衡的生态环境。和谐社会必须在一个适宜的生态环境中才能保持发展，没有平衡的生态环境，社会的政治、经济和文化不能生存和发展，和谐的人际关系也会变成空中楼阁，无存在基础。因而，生态和谐是和谐社会的基石，没有生态和谐的社会不是真正的和谐社会。

坚持可持续发展，构建和谐社会的立足点在于促进经济社会和人的全面发展，这就要用和谐的眼光、和谐的态度、和谐的思路和对和谐的追求来发展生态经济，走人与自然和谐之路，不断改善生态环境，提高自然利用效率；要加快改变环境与经济发展相对立的传统经济学观念，树立生态环境是生产力，环境与发展两者是协调统一的、整体的生态经济学观念，深刻领会人口、资源、环境与社会经济在发展中是相互关联、相互制约、相互依存的矛盾对立统一体；充分强调生态保护对国民经济和社会发展的重要作用，充分认识保护生态环境就是保护生产力，改善生态环境，就能发展生产力。

生态经济不同于以往的农业经济和工业经济，从理论到实践都是新生事物，这种发展源于现代科技的日新月异，也源于群众智慧的创造发挥。所以，发展生态经济的关键在于创新，在于发展过程、发展机制和发展环境的优化，在于人的素质的不断提高、科技创新的高效转化、企业和基地的带动辐射、服务网络的全面覆盖。这是我国在推进生态经济发展过程中应着力抓好的关键环节。

三、生态经济发展是国家经济发展的战略重点

党的十六大报告明确提出，要"壮大县域经济"。十六届五中全会把建设社会主义新农村作为我国现代化进程中的重大历史任务，提出了"生产发展，生活宽裕，乡风文明，村容整洁，管理民主"的目标要求。十六届六中全会通过了《中共中央关于构建社会主义和谐社会若干重大问题的决定》，把构建和谐社会作为贯穿中国特色社会主义事业的长期历史任务和建设小康社会的重大现实课题。党的十七大报告首次把生态文明写进党的政治报告，提出"建设生态文明，基本形成保护生态资源和生态环境的产业结构、增长方式、消费模式"，要求 2020 年全面实现小康社会目标之时使我国成为生态良好的国家。

第五章　县域生态与低碳经济

　　低碳经济是指在可持续发展理念指导下，通过技术创新、制度创新、产业转型、新能源开发等多种手段，尽可能地减少煤炭、石油等高碳能源的消耗，减少温室气体排放，达到经济社会发展与生态环境保护双赢的一种经济发展形态。2010年8月，国家发改委确定在5省8市开展低碳产业建设试点工作。

　　低碳的核心是以"绿色"为基础的可持续发展，绿色经济包括生态经济、循环经济、居民合理消费等各个领域的综合发展。把低碳经济落实到节能减排和环保上，落实在传统产业改造和效率提高上，落实在产业结构的调整和升级上，这正是党的新农村经济政策推出后，许多县域经济要研究落实的问题。

　　在县域经济大发展的局面下，怎样科学地发展县域生态经济，解决县域生态经济发展存在的具体问题、困难、发展路径及实施策略，是目前经济研究工作中亟须解决的课题。

第一节　低碳经济的概念

一、低碳的目的

　　低碳经济是以减少温室气体排放为目标，构筑低能耗、低污染为基础的经济发展体系，包括低碳能源系统、低碳技术和低碳产业体系。低碳能源系统是指通过发展风能、太阳能、核能、地热能和生物质能等清洁能源替代煤、石油等化石能源以减少二氧化碳排放。低碳技术包括清洁煤技术（IGCC）和二氧化碳捕捉及储存技术（CCS）等。低碳产业体系包括火电减排、新能源汽车、节能建筑、工业节能与减排、循环经济、资源回收、环保设备、节能材料等。

二、低碳的内涵

低碳经济是经济发展中碳排放量、生态环境代价及社会经济成本最低的经济，是一种能够改善地球生态系统自我调节能力的可持续性很强的经济。低碳经济有两个基本点：

（1）经济活动低碳化。包括生产、交换、分配、消费在内的社会再生产全过程的经济活动低碳化，把二氧化碳（CO_2）排放量尽可能减少到最低限度乃至零排放，获得最大的生态经济效益。

（2）能源消费生态化。包括生产、交换、分配、消费在内的社会再生产全过程的能源消费生态化，形成低碳能源和无碳能源的国民经济体系，保证生态经济社会有机整体的清洁发展和绿色发展，提高能源利用效益，发展新兴工业，建设生态文明。低碳经济摒弃以往先污染后治理、先低端后高端、先粗放后集约的发展模式，是实现经济发展与资源环境保护双赢的必然选择。低碳经济是以低能耗、低污染、低排放为基础的经济模式，是人类社会继农业文明、工业文明之后的又一次重大进步。

三、低碳方式

"低碳"话语一出现，便成为一种时尚，有"低碳社会""低碳城市""低碳超市""低碳校园""低碳交通""低碳环保""低碳网络""低碳社区"等各种称谓——各行各业蜂拥而上，统统冠以"低碳"二字。低碳经济的起点是统计碳源和碳足迹。二氧化碳有三个重要的来源，其中，最主要的碳源是火电排放，占二氧化碳排放总量的 41％；增长最快的则是汽车尾气排放，占比 25％，特别是在我国汽车销量开始超越美国的情况下，这个问题越来越严重；建筑排放占比 27％，随着房屋数量的增加而稳定增加。应扎实、有序地推进"低碳经济"，使之真正成为促进社会可持续发展的推进器。从技术和经济的角度看，在生产某些产品的时候，要降低能源的消耗，在消费某些产品的时候，要挑选能源消耗更少的产品序列。低碳内需大致包含三个层次，首先是物质消费能够满足低碳的生活方式，二是物质生产能够符合低碳产业模式，三是投资项目能够遵循低碳建设形式。总之，低碳经济就是在低能耗、低污染、低排放条件下的高增长。目前，中国、印度和东南亚都有急剧增长的庞大内需，而且又有大量的生产能力能够满足这种需求。这些消费潜力，如果转化成低碳内需，拉动的不仅仅是经济增长本身，还能带动整个低碳产业的发展和整个产业结构的调整。

第二节　低碳能源

低碳能源属于一种清洁能源，是一种含碳分子量少或没有碳分子结构的能源，从广义上说是一种既节能又减排的能源。

一、发展方向

（1）智能电网：随着经济社会的快速发展以及人们对电力能源需求的不断增长，我国的电力供应明显短缺，电力公司希望通过对输送和配置进行优化，以减少拉闸限电的频率，但并不能从根本上解决问题，因此，电网的智能化就势在必行。智能电网将改善用电高峰期的困难，并实现电力生产的分布方式和分散性。未来的智能电网市场增长的潜力是巨大的，而智能电网的发展离不开嵌入式处理器和微控制器，以提供低功耗和低成本的解决方案，包括带 LCD 驱动器的 MCU、用于电力调制解调器的数字信号控制器、集成无线解决方案的自动化等。企业商机无限。

（2）新能源：能源是每个自动化企业都着力开发的市场，在能源新政中，火电将失宠，核电、风电、水电成为主角。这一变化的结果是：除去核电的流程行业特征，风电及水电更趋于工厂自动化特征，电力行业的流程特征渐弱，顺序控制、传动控制、运动控制、SCADA 需求渐强。

（3）电机节能：电机耗电占社会总耗电量的 60% 以上，电机节能备受市场关注。我国的经济增长直接带动了电动机的需求，2008 年全国发电装机容量已达 7.9 亿 kW，预计 2011 年将达到 10 亿 kW，年均净增 7000 万 kW。至 2010 年单位 GDP 能耗要比 2005 年下降 20%，其中作为十大节能重点工程之一的电机行业的目标是电机的平均能耗下降 20%～30%。

（4）无线通信：国际主流自动化供应商与专业厂商所推出的无线技术与产品层出不穷，无线传输进入工业控制领域的趋势毋庸置疑。无线技术的安全性、可靠性、性价比以及无线通信技术在工业领域的应用方案，将会得到越来越广泛的应用。

（5）绿色工厂：工厂通过拟制造技术、计算机技术、集成系统、自动化以及强大的信息网络技术、节能照明技术和环保技术，来提高产能、降低功耗，达到污染零排放，从而实现生产过程的优化和未来的可持续发展。

（6）智能建筑：以建筑物为平台，兼备信息设施系统、信息化应用系统、建筑设备管理系统、公共安全系统等，集结构、系统、服务、管理及其优化组合为一体，向人们提供安全、高效、便捷、节能、环保、健康的建筑环境。

二、低碳产业链

为了实现低碳，停止发展与低速发展都不可取，唯有加速发展，在转变经济增长方式、调整经济结构、向低碳经济转型的同时，大力发展低碳产业。低碳产业关注产品的低碳性以及生产领域的低碳化和生态化。

（1）产品节能环保。

（2）整个组织在生产过程中如何做到节能减排，就是我们通常说的组织低碳。

（3）高新技术产业比例大幅度提升，产业能耗少、水耗少、排污少、运量少、占地少，产品附加值高。

（4）"高加工度化"得以促进，再生资源产业和环保产业得以发展。

（5）第三产业比重大大提高，发展低耗能、低排放的第三产业和高新技术产业，促进经济增长由主要依靠工业带动和数量扩张向三次产业协同带动和优化升级带动转变，从主要依赖数量扩张向提高要素效率转变，大力发展适应市场需求的绿色农业、生态农业，提高农业产业化水平和能源利用效率。

低碳经济不仅仅是需要去郑重承担起来的一份责任，它同时也意味着一种新的发展机会，必须在转型、转变中培育和创新更多的新的经济增长点。全国第一个规模达50亿元的杭州市"低碳产业基金"，就是政府主导的典型的低碳产业，其投资方向是三大类："高碳改造、低碳升级和无碳替代"。高碳改造包括节能减排；低碳升级包括新材料、新装备、新工艺升级原有设备；无碳替代包括新能源：核能、风能、太阳能等。生态产业中的风能产业是"低碳产业基金"扶持的对象。低碳需要县域经济产业链上各个组成部分都要"变绿"。

第三节　经济增长方式

我国的GDP总量在2009年已经成为世界第三，今年又超过日本，成为仅次于美国的世界第二，实现经济增长方式的转变，建设资源节约型、环境友好型社会，已经变得刻不容缓。

一、增加绿色 GDP 和国民幸福总值 GNH

转变经济增长方式，实现可持续发展，就是要在保护环境资源的前提下发展经济，增加绿色 GDP，让经济发展给人们带来实实在在的实惠，而不是让人不寒而栗的代价，要把长期收益和短期收益组合起来实现收益最大化，GDP 最大化就是短期收益最大化，保护环境前提下的 GDP 就是未来收益的最大化。要把加快转变发展方式贯穿于经济社会发展的全过程和各领域，更加自觉、更加主动、更加坚定地在"加快"上下功夫、在"转变"上见实效。在加快转变经济发展方式的前提下和过程中加快经济发展，必须优质高效地推进加快发展，必须坚定不移地推进转型发展，必须坚持不懈地推进开放创新，必须更大力度地保障和改善民生，必须持之以恒地优化发展环境。

二、大消费概念

（1）创新消费价值观，促进生态系统和经济社会系统的可持续发展。我国的消费对于经济增长的贡献比例长期偏低，只有积极地改变这种状况，才能实现可持续发展。传统的发展观，偏重于物质财富的增长而忽视人的全面发展，简单地把经济增长等同于经济发展而忽视经济社会的全面进步。欧洲经济以德国为龙头，亚洲经济以日本为龙头，世界经济以美国为龙头，这三个国家都是消费大国，是消费而不是生产决定了它们今天的经济大国地位。目前，我国被称为世界工厂，但在很大程度上是要靠世界的消费来维持我国自身经济体的运行，这是非理性的。因此，扩大内需就成了我国当前经济发展战略的重要启动点。

消费得起是过上完美生活的标志，消费能力是民主社会的重要指标，我国要变成消费大国和经济强国，就必须有一个和谐的社会环境，这样，才能实现最大化资本集聚和降低商品成本，完成资本对利润的最大追逐和良性循环。这其实也是绿色消费的最高追求。

（2）建立消费资本理念，将消费向生产领域和经营领域延伸。把消费转为资本，具备了调动消费者积极性的功能，把消费变成消费者的内在驱动，使消费者由被动消费变为主动消费，从而迅速扩大内需，构建强有力的中国消费市场。消费对市场的平衡作用最大，而市场不仅是国内的，也是世界的，如果我国拥有了这种强有力的平衡力量，我们就能够比较好地应对西方新贸易保护主义，并为我国可持续发展注入资本动力。消费资本化使消费者转化为投资者、经营管理者，身兼三重身份，并利用市场的力量，让消费者在享有一般权益的基础上，还享有股东身份权、参与重大项目决策权、资产收益权等权利。其结果是非常有利于提高消费者地位，实现生产者、消费者关系平等，保障消费者权益，体现以人为本的和谐社会的价值观。如图 5-1 所示。

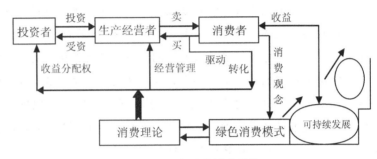

图 5-1 绿色消费模式结构

（3）绿色消费模式以"不危及后代的需求"即以满足消费者群体的长远利益为目的。绿色消费模式源于生态系统和经济社会系统相互协调的消费价值观，既强调消费的重要作用，又强调消费和再生产其他环节与环境的动态平衡，其实质是取得人与自然、社会的协调发展。绿色消费模式就是可持续消费模式。这种模式可以理解为：把人类的消费活动置于一个时间坐标中，当作一个连续的过程来看待，并要求是可持续的，即既满足当代人的需要，又不危及后代人发展的需求。而消费资本化理论就是将个人消费价值取向转化至社会消费价值取向之中，从而形成生产力，推动经济社会可持续发展。因此，二者在这一点上是一致的。

第四节 低碳乡村

1995 年至 2009 年期间，中国的潜在产出增长率平均为 9.6%，其中来自资本积累的贡献率高达 5.8 个百分点。但由于人口老化导致就业停止增长，且资本深化带来的贡献率开始企稳，世行预测 2010 年至 2015 年，中国的潜在增长率将放缓至 8.4%；2016 年至 2020 年，进一步放缓至 7.0%。世行的这一预测强调了中国需要更有效地利用劳动力和资本（即提高全要素生产率）的急迫性。城镇化将成为推动因素。

一、城镇化推动未来经济增长

中国正处于转变经济增长方式的初级阶段，许多结构性改革的推进需要时间和坚定的政治决心。虽然中国经济面临着投资占 GDP 比重过高、但仍然有潜力在未来很多年保持7％～9％的高速增长，中国较低的人均 GDP 意味着其仍处在快速发展的增长阶段，在基础设施和私营产业方面仍有很大的发展空间，特别是在内陆地区。

城镇化将成为今后中国经济增长的推动因素。"在未来20 年，我们估计约有 3 亿人口从农村地区迁移到城镇。这一城镇化进程将进一步推动中国经济增长。"野村证券中国区经济学家孙驰说，收入差距推动了城镇化。随着收入的提高，消费也将增长，制造业扩张将更具持续性。他还预计，未来世界的其他地区将越来越多地受到中国总需求的影响，或者因为中国经济遭遇挫折而导致全球需求不足。

我国城镇化率年均提高约 1％，每年将有 1500 万左右的农民进入城镇，2010 年，我国的城镇化水平约为 47％，2020 年达到 56％～58％。自然资源短缺已经成为城市发展的瓶颈，生态环境问题对城乡居民的生活质量构成了实际的威胁。因此，建设生态型县域经济，发展低碳能源技术，推广低碳经济发展模式和低碳社会消费模式，将成为必然的选择。预计今后我国的能源消耗和二氧化碳排放量将急剧上升，建设生态城镇，树立低碳循环理念，发展低碳经济和循环经济，将成为中国推进绿色转型发展，建设生态文明的重要突破口。

二、建设低碳宜居城镇

美国式的过度郊区化发展模式曾使城市消耗了 80％以上的能源，产生了80％的有害物质，并使耕地面积急剧减少。其人均二氧化碳气体排放量远远高于世界平均水平。

中国人口众多，如果按照过去的发展模式或者走发达国家的老路，那么即使将全球目前能耗总量的1/4 拿来满足能源需求也是不够的。中国必须走出一条充分考虑城镇化过程中人均能耗上升并兼顾我国能源条件的集约道路，在城乡一体化、城镇化的长期发展主线下考虑中国的城镇建设战略，降低生活能耗，实现可持续发展。

低碳所关注的是，在生活方式、能源供应、生产方式、消费模式、技术发展、贸易活动、公务管理等方面是否体现为低碳化。低碳成为城镇建设的一条基本标准，新标准以实现高效利用、清洁发展、转变经济增长方式为目标，并通过一系列环保低碳技术，推动低碳城镇的全面发展。

三、推广低碳生活理念

低碳生活就是指生活作息时所耗用的能量要尽力减少，从而减低碳特别是二氧化碳的排放量，从而减少对大气的污染，减缓生态恶化。低碳生活主要体现在节电、节气和回收废物等生活细节方面。对于普通人来说，低碳生活也是一种生活态度，它给我们提出的是一个愿不愿意和大家共同创造低碳生活的问题。

（1）低碳生活理念。低碳生活不仅告诉人们，可以为减碳做些什么，还告诉人们，可以怎么做。在北京的八达岭，一个碳汇林林场已经成形。碳汇林场是通过购买碳汇林或种树抵消掉自己的碳排放。林业碳汇是通过实施造林和森林经营管理、植被恢复等活动减少空气中的二氧化碳。比起少开车、少开空调，购买碳汇林受到更多人的欢迎。目前，减缓气候变暖的主要措施是减排和增汇。与减排手段相比，林业碳汇措施因其成本低、多效益、易操作而成为减缓气候变暖的重要手段。

（2）低碳生活的核心是低污染、低消耗、低排放、多节约。节能就是最大的减碳。而大力开发水能、核电、风能和太阳能等清洁能源，则能从根本上减碳。

四、生态区目标

在有限的空间内构建一个节约资源和能源，充分利用自然资源和能源，景观宜人，符合美学和传统观念，生活和管理方便的节约型生态系统被称作生态社区。与此相似的概念是低碳社区，是指在社区内除了将所有活动所产生的碳排放降到最低外，也希望通过生态绿化等措施，达到零碳排放的目标。前者更加注重整体的和谐发展，而后者则以每个环节最大限度地减少排放为重点。位于英国萨顿市（Sutton）的贝丁顿社区（BedZED）是首个世界自然基金会和英国生态区域发展集团倡导建设的零碳生态社区，也即零排放社区，有人类"未来之家"之称。这个社区得益于两大特色：其一是按照节能原则设计的建筑物。其二是社区能耗来源于内部的可再生能源。贝丁顿的理念是，可持续生活可以是简单、负担得起和具有吸引力的，现代生活的舒适性不会因为环保而被牺牲。

　　根据对中国家庭消费生态足迹的分析表明,碳足迹增长主要来自于对住房、交通和商品消费的增长。据研究显示,碳排放、城镇化和个人富裕程度成为影响中国生态足迹的主要因素,人均生态足迹与城镇化水平呈正相关关系,城镇化进程将是未来中国生态足迹特别是碳足迹增长的重要影响因素之一。培育和发展战略性新兴产业是加快经济方式转变的重要措施。

第六章　建设县域生态文化产业

以生态学理解，人类的生存环境有三，即自然环境、社会环境和规范环境，文化生态环境主要是由社会环境和规范环境构成。"文化生态"是指由构成文化系统的诸内外在要素及其相互作用所形成的生态关系。

文化生态是一个比自然生态更为复杂的系统，既包括人的思想道德素质，也包括人的科学文化素质；既有几千年历史文化积淀形成的传统，又面临外来文化的冲击和文化创新的重要课题。文化生态建设既有文化产品硬件生产的任务，更有塑造美好心灵的软环境建设的任务。全面建设小康社会的一个十分重要的命题，是在实现经济发展和人民生活富裕的同时，使人口、资源、环境与经济和谐发展，使全面建设的小康社会不仅要实现物质文明、精神文明、政治文明，同时还要实现社会的生态建设、生态文明、生态安全。

第一节　生态文化

生态文化就是从人统治自然的文化过渡到人与自然和谐的文化。

生态文明所包含的哲学思想和价值观、伦理观，集中体现了和谐发展的要求。现代生态文明在经济繁荣、物质丰富、社会稳定的基础上建立，它与社会法律规范和道德规范相协调，与传统美德相承接，集中体现了人与自然的和谐关系。现代生态文明是按照以人为本的发展观、不侵害后代人的生存发展权的道德观、人与自然和谐相处的价值观而发展，集中体现了可持续发展的重要内涵。

当今世界，文化产业日益成为经济发展新的增长点，日益成为国民经济的支柱产业，推动文化建设和经济建设、社会建设协调发展，已成为实现科学发展的必然要求。文化包含着物质层面的符号体系、精神层面的价值体系、行为层面的制度体系。文化不仅是软实力，更是国家综合实力的表现。人类区别于其他生物的是，人不但具有自然属性，同时还具有社会属性；人不但是自然人，同时也是社会人；人类的居住空间，不仅是一个自然空间，同时也是一个人文空间，带有鲜明的历史传承性和鲜明的民族特性。因此，作为人类生存和发展的各种外界条件的总和的生态环境，除了生物、非生物、地理和人为因素之外，还包括文化因素，涵盖生活方式、历史传统、风俗习惯、民间工艺等方面，还包括富于表征的内容的聚落形式和建筑风格等。

文化具有二重性，它既是人类生存发展中所创造的物质和精神财富的总和，又对人类自身的生存和发展产生巨大影响。因此，人类的生存发展离不开良好的自然生态，人类和自然的和谐发展，同样也离不开良好的文化生态。文化生态所蕴含的丰富的历史意义、文化意义和社会意义，对于人性的形成、人的素质和品格的培养，以及不同民族性格与精神的造就，具有重要的影响和作用。人类破坏自己生活的文化生态，割断生活的历史文化传统，其后果可能不像破坏自然生态那样直接，但却会深远地影响到自身的发展。不可再生性是文化生态的特点之一。许多传统风格一旦变异，历史文化遗产一旦毁损，人居环境一旦破坏，这将是人类文明的损失和历史的遗憾。这不应该是现代化的结果，而是对现代化的一种扭曲，其损害的将是人类自身。从这一点上来讲，保护文化生态的重要性是非常深远的。

创新是有效的保护。用伽达默尔的话来说就是："传统并不是我们继承得来的一宗现成之物，而是我们自己把它生产出来的，因为我们理解着传统的进展并且参与在传统的进展之中，从而也就靠我们自己进一步规定了传统。"努力组建良好的新的文化生态环境，在扬弃地继承先辈传统文化的基础上，在更为复杂的社会实践中，不断地以新的成果来充实其内容、丰富其内涵、增加其要素，甚至重组传统的功能结构，使之成为具有崭新形态的、与我们的时代相适应并反映历史走向的新传统，从而把传世之宝与现代新观念聚合，并转化、升华为现实的巨大凝聚力和内驱力，使深厚的历史底蕴挥发出浓郁的时代气息。

第二节　生态文化观

和谐的生态文化观是从人统治自然的文化过渡到人与自然和谐的文化。生态文化重要的特点在于用生态学的基本观点去观察现实事物，解释现实社会，处理现实问题，运用科学的态度去认识生态学的研究途径和基本观点，建立科学的生态思维理论。通过认识和实践，形成经济学和生态学相结合的生态化理论。生态文化观具体表现如下：

（1）可持续的系统观。人类赖以生存的环境是由自然、社会、经济等多因素组成的复合系统，它们之间既相互联系，又相互制约。一个可持续发展的社会，有赖于资源持续供给的能力，有赖于其生产、生活和生态功能的协调，有赖于有效的社会调控、部门间的协调行为，以及民众的监督与参与，任何一方面功能的削弱或增强都会影响其他组分，甚至影响可持续发展的进程。环境与发展矛盾的实质，是由于人类活动和这一复杂系统各个成分之间关系的失调。

（2）循环经济的发展观。把发展视为单纯的经济增长，以国民生产总值作为衡量文明的唯一标准，带来的"有增长而无发展"的严重社会与生态环境问题已被全社会所关注。生态建设中要树立可持续的发展观，它是以实现人的发展和社会全面进步作为发展方针和发展目的，通过建立生态伦理与道德观、发展生态经济、改善人居环境、保育生态系统服务功能来促进社会文明的进步。其发展模式是倡导人与自然之间和谐相处，互利共生；倡导人与人之间的代内平等和代际平等；倡导整个社会发展系统持续和协调地发展。

（3）生态经济的资源观。传统的以 GDP 为中心的发展日益受到有限资源的限制，不惜以高消耗刺激增长的发展需要大量的资源支持，也是当今生态环境危机的直接原因。生态文化认为，地球的资源是有限的，无论地球的自然价值量有多么丰富，它总是以一定的自然物为载体，作为自然的属性和功能而存在，在物质循环和能量流动中形成，同时，自然价值的生成能力是有限的，资源并不是采之不尽，用之不竭的，尤其是石油、煤炭等不可再生资源，用尽就枯竭了，而人类利用自然资源维持自身生存、繁衍、发展的需要则是无限的。为了实现可持续发展，则需要人类树立正确的资源观，其核心是建立一种低耗资源的节约型意识，以促进资源的节约，杜绝资源的浪费，降低资源的消耗、提高资源的利用率和单位资源的人口承载力，增强资源对国民经济发展的保证程度，以缓和资源的供需矛盾。

（4）生态循环消费观。生态文化建设要求人们对传统消费观念、消费方式来一次新的革命。生态文化要求人们的消费心理由追求物质享受向崇尚自然、追求健康理性的状态转变，即倡导符合生态要求，有利于环境保护，有利于消费者健康，有利于资源可持续利用，有利于经济可持续发展的消费方式。其基本思想是消费者从关心和维护生命安全、身体健康、生态环境、人类社会的永续发展出发，以强烈的环境意识对市场形成环保压力，从此引导企业生产和制造符合环境标准的产品，促进环境保护，以实现人类和环境和谐演进的目标。

（5）社会生态效益观。生态文化将发展与生态环境保护统一起来，为社会可持续发展提供了思想文化基础，从而，从理论上结束了把发展经济和保护资源相对立起来的错误观点，明确了发展经济和提高生活质量是人类追求的目标，并需要自然资源和良好的生态环境为依托。忽视对资源的保护，经济发展就会受到限制；没有经济的发展和人民生活质量的改善，特别是最基本的生活需要的满足，也就无从谈到资源和环境的保护，一个可持续发展的社会不可能建立在贫困、饥饿和生产停滞的基础上的。因此，一个资源管理系统所追求的，应该包括生态效益、经济效益和社会效益的综合，并把系统的整体效益放在首位。

（6）和谐平等发展观。生态文化主张人是自然的成员，人与人之间、区域与区域之间的关系应该互相尊重，相互平等。一个社会或一个团体的发展不仅不应以牺牲另一个社团利益为代价，也不能以牺牲生态环境为代价。这种平等关系不仅表现在当代人与人、国家与国家、社团与社团间的关系，同时也表现在人与自然的关系上。

（7）经济体制和谐观。生态和经济建设要求打破传统的条块分割、信息闭塞和决策失误的管理体制，建立一个能综合调控社会生产、生活和生态功能，信息反馈灵敏、决策水平高的管理体制，这是实现社会高效、和谐发展的关键。

（8）生态文明法制观。生态文化建设就是要求把和谐发展的指导思想体现在政策、立法之中，通过宣传、教育和培训，加强和谐发展的意识，建立与可持续发展相适应的政策、法规和道德规范。

（9）低碳文明参与观。生态文化要求建立新的社会价值观与新的生态道德体系，要求依靠广大群众和群众组织来完成。要充分了解群众的要求，动员广大群众，参与到区域生态建设的全过程中来。

第三节　县域生态文化是社会文明的载体

县域文化是指在县的行政区划内经过长期积淀而形成的独特的文化。它是以县城文化为中心，以城镇文化为依托，以乡村文化为背景，经过长期的濡染和积淀，逐步形成以县城为中心的、具有显著语言特色、说话方式、办事特点乃至建筑、服饰特点的文化。中国文化源远流长，县域成为中国古迹遗址的主要载体。县域有丰富的历史文物资源、名人资源、宗教和建筑文化资源、民间艺术资源、饮食文化资源和自然文化资源。灿烂丰富的历史文化资源和颇具特色的自然生态资源相互交融，形成了县域独具特色的文化资源。

一、生态文化是县域经济发展的增长点

保持自然的生态平衡，要尊重和保护自然，不能急功近利，吃祖宗饭，断子孙路，不能以牺牲自然生态为代价取得经济的暂时发展。但是，生态伦理也不是主张人在自然面前无能为力，消极无为，不是叫人们"存天理、灭人欲"，少吃少喝少消费，而是让人们在认识和掌握自然规律的基础上，在爱护自然环境和保持生态平衡的前提下，能动地改造自然，使自然更好地为人类服务。

在发展"县域经济"的实践中，把"县域文化"发展作为一种新兴的产业来思考与把握，把文化产业开发与工农业产业结合起来，以发展工农业产业的模式和范式开发县域文化产业，按照经济规律开发县域文化产业，使之成为能够带来社会经济实惠的产业，如开发生态与文化旅游点和旅游区、生态旅游休闲度假村、"文化农家乐"等。

二、打造生态文化产业是县域发展的根本出路

如何把县域潜在的文化资源优势转化为经济优势，使文化产业发展成为支柱产业，成为一个县新的经济增长点和稳固的财源，也是提升县域整体竞争力的一个现实课题。将文化与旅游开发结合起来，文化与经济协调发展，文化与产业合理配置，创新县域发展的新模式。

（1）文化品牌的稀有性。在商界有个经营制胜理念，就是"人无我有"，换句话说就是做独行买卖。

（2）文化品牌的知名度。选育文化品牌首先要考虑文化资源的知名度。一般来说，名人、著名事件、知名地点等对历史有着重要影响的文化资源都有着比较高的知名度。

（3）文化品牌的经济性。在社会主义市场经济条件下，把文化资源培育成文化品牌，并不是不讲经济效益，而是需要正确处理经济效益和社会效益的关系。利用当地的文化资源优势举办一些富有文化内涵并贴近市场的大型

活动，如民族民俗节、美食文化节、生态旅游文化节等，这样不仅可以办出名气、打出品牌，更能办出经济效益，取得经济效益和社会效益的双赢。

培育"文化品牌"，其根本目的在于做大做强与县情实际相适应、与文化法规相协调、与市场经济相对接的文化产业。按照现代产业观点，打造传统文化资源，要进行科学论证、总体规划，产业布局要体现出生态与文化、文化与文明、文化与环境、文化与历史的关系，变单纯依靠政府投入的单一形式为多渠道、多种所有制形式参与的多元化方式。鼓励有实力、有市场运作经验的企业进入传统文化资源开发领域，通过股份合作等方式，逐步改变传统文化资源拥有者无力开发资源潜能的现状。

第四节　中国县域生态文化经济的发展

生态文化是自古积累起来的一种文化现象，在漫长的历史进程中是一条不停流淌的精神之河。它时起时伏，变化莫测，时而呈现出人与自然的和谐，时而又展示了人与自然的冲撞。正是在这种纠结变幻中，人类逐步形成了对自然的理想信念和价值判断。在近代科技诞生特别是大规模工业建设出现之后，人类征服自然、控制自然的意识陡然上升，在与自然几百年的对抗中，人类虽然获取了巨大的物质财富，创造了空前的繁荣，但是也付出了惨痛的代价，而且这种创痛和代价正在越来越突出地显现出来，有时几乎为人类所无法承受。全球如此，我国更是如此。正是在这种深刻的反思中，人类开始重新构建人与自然和谐相处的生态文化。这不仅是一种精神取向，也是一种现实选择。毫无疑问，这种选择，是人类摆脱困境，走向长远发展的最佳选择，构建生态文化，必须弘扬这种深厚绵长的精神和理念，把人类生存和发展的愿望，放置到与自然万物平等的位置，生态文化、文化生态为世间万物注入了深切的人文关怀。如图 6-1 所示。

一、文化精神特征

（1）文化是在人类进化的过程中衍生或创造出来的。自然存在物不是文化，只有经过人类有意无意地加工制作出来的东西才是文化。例如，吐痰不是

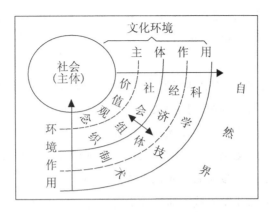

图 6-1　生态文化系统结构模式

文化，吐痰入盂才是文化；水不是文化，水库才是文化；石头不是文化，石器才是文化等。

（2）文化是后天习得的。文化不是先天的遗传本能，而是后天习得的经验和知识。

（3）文化是共有的。文化是人类共同创造的社会性产物，它必须为一个社会或群体的全体成员共同接受和遵循，才能成为文化。

（4）文化是一个连续不断的动态过程。文化既是一定社会、一定时代的产物，是一份社会遗产，又是一个连续不断的积累过程。每一代人都出生在一定的文化环境之中，并且自然地从上一代人那里继承了传统文化。同时，每一代人都根据自己的经验和需要对传统文化加以改造，在传统文化中注入新的内容，抛弃那些过时的不合需要的部分。

（5）文化具有民族性和特定的阶级性。

（6）文化是由各种元素组成的一个复杂的体系。

二、文化产业发展存在的问题

就目前情况来看，文化产业发展的体制性障碍依然存在，人事、劳动、分配制度等配套改革还没有完全到位，政企不分、政事不分、管办不分、条块分割、多头管理、利益纠缠的现象在某些领域还很突出。

（1）文化资源整合开发力度不够，尤其是对传统文化资源缺乏按照现代产业观点的打造，优势地位不凸显。

（2）有些文化产业项目开发缺乏市场分析与科学论证，盲目上马，并且项目建设类型单一，过分集中在文化地产、文化产业园区建设等方面。

（3）在文化产业布局上缺乏总体规划，难以形成贯通的产业链条。各地产业布局差异性不够，在产业政策、项目设置、发展目标、龙头企业设定方面趋同。

（4）居民文化消费水平低，进入文化产业资本小。中国与韩国在国情上存在很大的差异，但却地缘相近。1998 年，韩国正式提出"文化立国"方针，在遭遇金融危机之后，政府许多部门都在裁员，只有文化部门不减反增。韩国文化观光部部长南宫镇说：19 世纪是军事征服世界的世纪，20 世纪是经济发展的世纪，21 世纪是以文化建立新时代的世纪。韩国的经验表明，文化产业可以成为经济发展的核心推动力，而且，这也是通过政府的大力推动能够实现的目标。与日、美、韩国文化产业相比，中国的文化产业化刚刚起步，产业资本少，产业规模小。

三、发展县域生态文化产业方案

把城镇文明化作为内在要求，凸显城市文脉。注重文化重塑，挖掘整理传统文化，积极探索现代文化，塑造弘扬特色文化，突出创业文化和生态文化。注重科学布局，合理迁建散布在区域内的文化遗迹，在区域不同区块融入不同的文化元素。注重合理表现，精心设计、精心施工，精雕细刻，做到既丰富多彩又和谐统一。

在市场经济条件下，县域经济处于宏观之末、微观之初，是城乡经济发展的结合点，是统筹城乡发展的重要环节。随着市场经济体制的逐步建立和完善，对外开放进一步扩大，县域经济在国民经济和社会发展中处于重要地位，并逐步呈现出以下"三大趋势"。

（1）县域文化特色化趋势。特色就是文化优势、特色就是文化名气、特色就是县域品牌、特色就是县域文化市场、特色就是县域文化效益。发展县域文化经济，必须遵循经济增长的一般规律，走小而精、小而专和小商品、大产业、大市场的路子，围绕一个县域文化产品或产业，通过产业集聚和配套，积极打造具有竞争优势的县域文化特色。

（2）县域文化规模化趋势。进入 20 世纪，世界经济发展越来越注重和依赖规模优势，大集团、大公司的数量和水平，已成为衡量一个国家或地区经济实力和竞争力的重要标志。如成都市周边地区的一些企业经历了从"产品经营"向"资本经营"继而向"城市经营"的跨越，实现了"企业创造城市、城市创造市场、市场创造需求"的飞跃，使经济规模呈现出几何级数增长。

（3）县域文化的知识化趋势。"一代人靠胆子，二代人靠路子，三代人靠脑子"，就形象地说明了文化知识在创造财富中显示出越来越重要的地位，这是县域探索并认定的文化发展之路。事实证明，世界经济合作与发展组织主要成员国的 GDP 已有 50％以上来源于知识产业。

（一）完善文化基础设施，构建县域文化发展基石

（1）对区域文化资源作全面分析，为长期开发设定边界条件。对文化产业建设项目——特别是园区、公园类的硬件建设项目严格遵照《土地法》《文物保护法》和上级部门批准的土地利用规划等设定的边界条件，坚持科学论证、审慎上马，无愧于先人和后世子孙。加强文化基础建设，推进县域经济发展，加快文化产业基地建设，合理布局文化产业结构。

（2）对文化产业发展作全面调研，为长期开发打好经济基础。对具有明显的比较优势和预期经济效益的文化产业，鼓励进行跨地区、跨行业、跨所有制的融合、兼并、重组，力求改变目前"散""小""弱"的现状；推进文化资源配置的现代化、国际化、市场化程度，提高文化产业的集中度。

（3）对文化产业优势领域进行选择，为持续快速增长培植主导产业。要对不同地区文化产业发展进行科学规划布局，实现不同区域的不同功能整合。应找准自身在全国乃至全球同行业中的优势，可以具体到产业链条中的某些环节，不求全，不贪大，重点突破，有的放矢。

（4）按照国家文化产业整体布局，形成若干区域科技中心，由政府投入资金搭建公共科技服务平台，以保本收费、推广科技、扶持企业为原则向中小文化企业给予技术支持和科技咨询服务，积极引导社会和民营资本有序进入文化市场领域。

（二）以文化旅游产业为主导产业

（1）创新文化产业发展机制，用文化推动旅游，启动生态文化旅游项目，进一步完善文化基础设施，确立文化旅游产业的主导地位。

（2）大力发展文化要素市场，促进城镇文化消费，文化搭台、经济发展，营造招商文化氛围，全面整合文化资源，提高产业创新能力。

（三）发掘民族文化资源，打造县域文化"拳头"产品

（1）对名人文化、民族民俗文化、宗教文化等文化资源进行挖掘整理，重点打造民族文化村，打造文化品牌。增加文化发展活力，抓宏观管理，加快政府职能转变，抓产业集群。做大县域文化产业，积极启动文化促销系列工程。

（2）培育扶植文艺演出市场、民间工艺和艺术品市场、文化体育娱乐市场等三大文化市场。对服装、饰物、食品、餐饮文化等"软性"地方文化进行全方位的整理与开发。

（四）加强文化基础建设，推进县域经济发展

（1）加强宣传，提高认识。抓好普及性宣传和典型性宣传，增强全社会特别是各级领导对建设县域文化重要性的认识，提高市民的文化素质和文明意识。营造善于挖掘文化资源，大胆改革文化体制，积极发展文化产业的社会氛围。

（2）整体部署，科学规划。组成专门班子，对全县文化资源进行一次全面的普查。在科学论证、确定总体布局和发展重点的基础上，按照分步实施、有序推进的原则，制定短、中、长期县域文化发展规划，按规划操作实施。

（3）加大投入，多元融资。采取政府投入、上级支持、招商引资、社会投入等多元化投资方式，加大对县域文化基地建设的投入。把社会投资融资作为发展县域文化资金来源的主渠道，强化公众对县域文化建设的参与意识。制定民间资本准入政策，积极鼓励文化产业单位充分运用市场运作方式，多方筹措发展资金。逐步完善公共财政支持公益性文化建设的政策，每年县财政单列县域文化基地建设经费，最大限度地为县域文化基地建设提供便利。

（4）创新机制，优化环境。通过抓龙头，着力加快文化产业发展规划的编制和实施。抓硬件，着力改善文化发展的基础条件。抓灵魂，着力挖掘和开发文化资源。抓环境，着力加强综合整治和规范行业管理。抓品牌，着力创建中国优秀历史文化名城。抓改革，着力推进文化产业市场化。抓投入，着力拓宽文化产业的投资融资渠道。抓市场，着力加大宣传促销力度。抓特色，着力加速发展地方文化产业。抓培训，着力培养一支高素质的文化队伍。建立起比较完善的县域文化建设管理体制和充满活力的运行机制，逐步形成效益显著、辐射力强、具有广泛影响的文化格局，推进县域经济的全面发展。

（5）进一步深化文化产业体制改革，创新良好的体制和政策环境，有计

划、有步骤地实施文化产业人才培育工程，建立健全文化产业人才培育机制，建立健全统一开发竞争有序的文化新市场体系。

（五）开发文化遗产，在存量上形成增量

文化遗产可以进行开发，但关键在于如何"建设性"开发。

（1）文化产业只要找准了点，就能产生巨大能量。河北省平泉县的经济发展总量在全省是中等偏下水平。当地有活性炭资源，但以前只搞工业生产，现在搞汽车美容、化妆品、纪念品，活性炭一下子成为产业，取得了巨大的经济效益。这里，工业生产顺利地延伸到了文化产业。县域地区的文化产业是藏富于民的产业，能把当地一家一户的老百姓动员起来。

中国北方有个剪纸之乡，当地大力发展剪纸产业，几万人做剪纸，销售额很大，老百姓得到了实惠，而且有很多当地人还自觉地看美学、美术书，提高文化修养。这种文化的传播力量和藏富于民的力量，已经远远大于带动 GDP 的力量。

（2）不能照搬城市文化产业模式，传统文化不应是孤立和保守的，应当和现代人的理念相结合，进行孵化与扩大。很多贫困地区的民间艺术、民族歌舞、民族服饰都没有人关注，完全可以开发出来。文化产品开发要和周边文化环境对应起来，和文化产业链条的各个部分对应起来，和不同需求对应起来。处理好保护和开发的关系，找准能代表当地文化特质的东西。

（六）文化体制改革任重道远

目前，从中央到地方都开始注重文化产业的发展，但文化实力的形成有着诸多的条件，并不能像一般产业一样有资金、技术等条件就可以迅速完成。文化生产有着自身的规律，文化的积淀也非一日之功。文化产业的改革与发展，一个基本的立足点是文化产业的社会责任问题，因为文化本身与社会责任是相关联的。既不能以社会责任之名忽略文化的产业属性，又不能以产业的经济属性淡化文化产业的社会责任。

（1）要强调文化产业作为一般产业属性的社会责任问题。传统的文化产业是事业体制管理，部分文化机构采取企业化经营。在这种管理模式下，我们对文化产业社会责任的描述几乎以"社会效益与经济效益相统一"名之。笼统而又宏大的"社会效益"的描述实际上导致了在实践中社会责任的缺失。不要出政治问题成为衡量社会效益的代名词，而作为一般产业的社会责任在文化产业中反倒是缺位的。近些年来频频出现的假新闻、封口费、伪书、垃圾书等问题无一不显现出文化社会责任的缺失。就以对作者的态度而言，出版界对名人的追捧和对一般作者的冷漠是在一定程度上阻碍了内容的创新。而这在一般的企业而言，对待技术研发的尊重是基本的要求。所以，文化产业首先要辨识一般产业共性所要求的企业社会责任，这是文化机构转制为企业后必须要面对的问题。

（2）强化文化作为特殊性产业的社会责任。文化产业生产的是文化，文化产品的独特性与一般商品不一样。电器过时会扔掉，食品会过期变质，一本书、一部电影，无论是积极教化还是低级误导，过多少年也会留存于世，对不同的人发生不同的影响。我们怎样厘定文化产业作为企业的独特性直接相关到其社会责任的独特性。一个企业不去生产可能亏损的产品是常态，可是一家文化机构面对可能亏损但文化价值很大的作品置之不理也不正常。尽管这在我们目前的实践中并不乏见，但一家完全追求利润的文化企业，在人们眼中肯定是品位很低的。所以，我们应当从文化本身的属性辨识文化生产机构所对应的社会责任。

（3）将产业与中国特色相结合，赋予文化企业社会责任的时代性。文化产业是一国软实力的体现。我们经济发展在世界上已经有了一席之地，但我们的文化地位与此不相称。文化产业的社会责任中，提高文化软实力，加快文化走出去的步伐，尤其是在构建民族价值观上意义重大。所以，在时代性上，文化产业的中国特色体现在，既要担当中国当下社会软实力的提高，又要接继中国传统文化的精神。中国传统之丰富，也是中国贡献给世界最有价值的东西，如何继承？中国当代的社会实践，尤其是改革开放 30 年的实践，对世界有着很多的启发。在当代实践与传统人文中发掘文化的社会使命，是我们文化产业的社会责任的最高境界。

实践证明，特色文化是文化节庆的灵魂。在技术层面日益趋同的形势下，文化就成为一个地区对外宣传的形象名片，人无我有的特色文化才是开展节会文化活动、促进区域经济发展的优势和依托。如果仅仅把文化节当成一种招商引资的噱头，不下大力气围绕特色文化来做文章，那么，文化因素终将失去转化为生产力的意识动力，文化节也会因浅薄庸俗而变成自娱自乐的活动形式。只有深入挖掘、多重开发和综合利用特色文化，才能把文化节庆活动办成文化开放、经济合作的载体，最大限度地发挥文化软实力的作用。

文化产业是投资回报最好的行业之一。当代社会各种产业利润主要靠领先的自主创新和技术进步来实现，而文化产业正是自主创造和技术含量高的一个门类。加上政策因素和市场因素的作用，文化产业的资本盈利率比较高，文化产业方面投资热将会长期存在。从消费角度看，文化产品将是与日俱增的消费热点。

第七章　中国县域生态经济发展模式分析

第一节　县域生态经济发展的原则

一、结构调整与技术开发同步原则

我国进行生态文明建设，目的是对生态产业结构进行调整，无论是从形式、内容，还是手段、目标上都与以往有很大的不同。调整县域经济结构，就是按照自然规律，重新整合县域生态系统，从而恢复系统内部被人为破坏的种种秩序。这是在"可持续发展"的思想指导下进行的，不仅强调经济效益，还要有助于环境保护和生态改良，实现生态效益、经济效益、社会效益的统一。

（一）结构调整的含义

从生态学的角度考虑城镇生态结构调整的含义。

我国目前新一轮生态结构的调整，是在环境库兹涅茨曲线（Grossman and Krueger，1991）发生效应的情况下进行的，这就给目前的生态结构调整赋予了更加重大的责任与使命，不仅要进行结构调整，还要整合与重建城镇生态系统，恢复城镇系统内部被破坏的种种秩序。

城镇结构调整的本质表现为县域的生产要素依据效率原则，服从一定的目标而进行的重新配置。这里的效率不仅仅指要素的短期效率，更主要的是指长期效率；目标不仅仅指局部的目标，更重要的是指总体目标。我国历史上的县域结构调整，往往只调整生产要素的短期效率而忽视长期效率，只强调结构调整的局部目标而忽视总体目标。

县域生态系统首先是一个自然生态系统，这是县域结构调整的基本依据和出发点。所以，调整县域结构，应该"把县域各部门生产要素依据县域生态系统内部物质流和能量流的自然运作机制和市场经济运作过程中的市场机制进行重新配置，永续地提高资源的使用效率，全面地实现经济、社会和生态三大效益的过程"（林毅夫，1994）。

（二）县域结构调整的理论依据与遵循的生态规律

县域资源包括县域内的各种生命资源，对资源的重新配置应符合经济学的基本法则。目前我国关于县域结构调整所依赖的理论基础主要是区域经济理论、比较利益理论和资源禀赋理论。这些理论适用于一个国家（或地区）所进行的各种类型的经济结构调整问题，以及各个区域之间的经济联系及其变动趋势。普遍理论只是说明了资源的存量与价格，而没有说明资源间是通过一种什么机制联系起来并存在着的。因为县域各种资源并非以某种物理的方式并列的简单叠加，而是通过自然的生命运动形成的物质流和能量流进行着有序的传递，并在这个传递中发生着复杂的生物与化学变化。因此，县域结构调整理论必须符合生态学理论。

可持续发展理论、循环经济理论都是生态理论的发展和延伸。经济发展理论是发展中国家遵循的发展理论，和谐理论又是发展理论的升华。县域结构调整的核心理论是生态经济理论。

我国的经济正处于高速增长时期，要避免重蹈发达国家在现代化进程中有增长无发展的消极发展模式。我们必须走生态、经济协调发展的道路，要充分认识和发挥生态经济的裂变效应，在工业领域实施清洁生产，大力推广生态农业。发展生态经济，必须进一步解放思想，更新观念，要把发展生态经济作为21 世纪的一项重大发展战略。

（三）从生态学的角度出发，调整县域结构

（1）理论指导。用理论指导我们认识人类与自然环境及其他生命的关系，将县域经济发展置于大生态循环中进行重新定位，将自然环境和其他生命有机体看作是人类发展的重要组成部分。无论是从可持续发展的角度，还是从环境保护的角度，人类对自然界都有一种道德义务。这种道德义务既来源于人类对自然及其他生命形式所做的道义承诺，同时也源于我们人类各成员间（包括代内与代际）相互所应承担的义务。

（2）因地制宜，按比较优势和资源禀赋调整农业结构。在市场经济条件下，县域经济发展要追求资源的配置效率与收益的最大化，否则县域结构的调整就不能保持可持续发展，经济效益也不会很高。要充分发挥市场机制在资源配置中的基础性作用，做到全面规划、总体协调，因地、因时制宜，发展生态产业与生态经济。

（3）加强科学技术的研究与推广，激发生物技术的潜能。现代科学技术（包括硬科学技术和软科学技术）的快速发展不仅提高了县域资源的利用率，而且使人类对原有物种的改良以及重新培植新的物种成为可能。这可以大幅度激发生物技术的潜能，大大提高县域生态系统的周转速度，缩短物质和能量的传递周期。

（4）科学设计生态产出链条，重建县域生态循环产业。县域生态产业的各部门之间存在着一个部门的产出是另一个部门的投入的链式有机联系。这种环尾相连的生态产业的建设中要合理组织生产，巧妙设计产业链，实现经济和生态的良性循环，使产业经济实现可持续发展。

（5）积极发挥政府在县域结构调整中的作用。县域结构调整，要坚持社会、经济、生态的有效统一，要转换政府的职能。政府在设计和组建县域生态系统时应该坚持科学性、层次性、开放性和外部性，使县域生态系统按照科学和生态规律良性循环；县域生态经济的分散性和脆弱性以及生态产业本身面临的多种风险（生产的风险和市场的风险）客观上也需要政府的保护。我国县域发展中存在的很多问题本来就是由于国家原来片面重经济轻环境的政策导致的，因而也有必要消除过去的影响。以上原因使得结构调整中政府的作用（诸如政策的倾斜、税赋的减免、资金的支持、科技扶植等）必不可少。

坚持以自然生态的运动规律为基础，不仅是当前县域结构调整的基本原则，也是我国整个国民经济结构调整应该遵循的原则。生态理论不仅是县域结构调整的理论基础，也应该是我国整体经济结构调整的理论基础。目前，我国正处在宏观经济结构战略性调整与升级的重要时期，在这个调整过程中，也应该遵循自然法则，按生态规律办事，运用现代科学技术实现对传统产业的更新改造，关停并转资源消耗和污染严重的企业，鼓励企业进行清洁生产和生产环境友好产品，大力提倡绿色消费，留给后代一个洁净的生活空间。

（四）加强技术开发，努力把现有产业做强、做大

引导、支持有基础、有规模、有潜力的产业加大技术开发力度，提高自主创新和市场竞争能力，加快发展一批生态产业。政府应提供技术革新的鼓励基

金，用以支持民营企业的技术革新，并使新技术在生产中得到迅速应用。

（1）开发区和工业园区是实现县域生态产业集中发展、集约发展、可持续发展的重要载体和平台。

（2）强力招商引资，增强发展后劲。

（3）破解发展难题，创优发展环境。

（4）加强人力资源开发，推广新技术，发展绿色产业。

（5）创新科技推广机制，促进科技成果向生产力转化。

（6）积极争取实施重大科技项目，发挥典型示范带动作用。

二、可利用资源效益最大化原则

发展循环经济，健全法律法规，探索循环经济发展的有效模式。强化节约意识、鼓励生产和使用节水和节电产品，形成健康文明节约资源的消费模式。

（1）土地、原料、能源等资源的效益最大化利用。在不违背国家相关政策规定的情况下，可以通过开放市场、调整价格以及降低消耗等途径，实现这些资源最大程度的共享。

（2）对于教育、科技、人才、知识产权、信息、管理、旅游等资源，应重构无障碍共享机制，扩大城镇间资源的开放空间，实现这些资源的互利互赢。

（3）对于交通、通信及其他基础设施资源，应建立区域性直达、直通网络，实现这些资源利用效率的最大化。

（4）水的最大化利用。应积极推行节水灌溉，在普及地下管道、地上防渗垄沟等常规节水技术的基础上，大力发展喷、滴、微灌等高效节水技术。

（5）大力开展资源综合利用，建设开发太阳能、风能的新能源设备生产与研发基地。实现再生资源回收利用、农作物秸秆废弃利用，发展新能源与能源设备产业。

（6）发展循环经济。发展循环经济是建立"资源节约型，环境友好型"社会和实现可持续发展的重要途径。循环经济就是生态经济，发展循环经济就是推广生态经济。

三、坚持县域产业结构优化原则

（1）优化产业结构，调整产业结构。县域产业结构是县域内各企业各部门之间的比例关系，是县域生产力组织系统中非常重要的方面。当代世界经济正发生着剧变，世界各县域经济变革的主要特征是体制改革和产业结构转换，而后者比之前者更为广泛、持续和深刻。

我国各经济区也正面临着在较大范围、层次和力度上的结构调整，面临着跨入生产力发展和经济成长新阶段的历史性抉择，促进县域产业结构优化的紧迫性和重要性是明显的。

县域产业结构合理化的标准和特征是：

① 产业结构的整体性、系统性、结构的先进性等能否发挥县域的优势。

② 主导产业的正确选择是县域产业结构合理化的关键。

③ 作好县域产业结构合理化的管理，使我国县域产业结构调整到合理的轨道上来，使有限的资源达到合理的配置，并使之持续、健康、快速、循环发展。

（2）我国县域产业结构调整的对策。

① 总结经验教训，尽快选定符合市场需求的县域主导产业群体，以生态经济发展理论为核心，优化县域产业结构，建立可持续的、和谐发展的、循环生态经济体系。

② 完善县域市场体系，培育并促使县域产业结构进一步优化。

③ 随着市场的发育，寻找加强县域产业调控的着力点，实现对县域产业结构优化的直接指导和间接调节。

"我国县域产业结构的调整和优化过程是相互配合递进的过程，是经济发展与市场经济体制培育的系统工程，解决好县域产业结构优化管理的深层矛盾一定要选准产业，培育好市场，保护好环境"（江世银，2004；陈英瑞，2001）。

（3）深化经济管理体制改革，真正优化县域产业结构。经济管理体制改革是县域产业结构合理化、高级化的必要的体制保证。国家除了用必要的宏观调控引导结构的优化外，县域发展的重点应放在县域产业结构最终合理化的管理体制建设上。

① 建立市场主体，调整产权关系，使企业财产关系明晰化。要转换企业特别是大中型国有企业的经营机制，只有企业成为风险与利益对称的真正市场主体，才会对市场需求信息做出敏捷的反映，才能实现产业结构的调整。

② 转变政府职能，政企严格分开，将经济发展中的权、责、利统一于经济主体，以增强投资者的风险意识和约束力。

③ 在建立和完善市场体系的同时，深化财政、金融体制改革，健全调控手段。为了规范中央财政和地方财政的收支范围，强化投资资金来源约束和投

资责任约束，明确各级政府的财政收入和财政支出，使中央和地方各级财政都有稳定的收入来源，自收自支，自求平衡。为了避免给经济发展带来的热、冷震荡，要进一步改革金融体制，实行专业银行企业化，中央银行职能独立化，制止财政向银行透支的行为，使各级政府投资只能根据收入来确定，促使投资结构合理化。

（4）扩大筹集资金的渠道。重视发展股票及债券的金融经营活动，形成直接融资与间接融资相结合的金融体系。市场经济条件下的金融市场，本质上是资金市场与股票市场和国债市场的内在统一。经过 20 多年的改革，国民收入的分配格局已发生了重大变化，居民收入显著增加，这就为通过发行股票、债券筹集资金提供了条件。我国的所有制结构是以公有制为主体、多种所有制共同发展，这就为多元化投资提供了政策前提，在客观需要的基础上又有了现实的可能。实行直接融资与间接融资的金融经营方式，会有利于县域产业结构的调整和优化。

（5）制定区域合理的产业政策，促使区域产业结构协调化、高级化。在市场经济条件下，产业政策是国家通过必要的干预投资等经济活动来实现资源在各个区域和各个产业部门的最佳配置，今后一个时期我国的区域产业政策应着重实现两个主要目标：

①切实推进产业发展的集约化步伐，限制各区域的中低技术维持下的粗放经营方式的平面扩张，县域要形成自己的优势产业。

②集中力量调整好重大的产业比例关系，首先切实加强农业、林业和水利建设，重点发展交通运输和能源、原材料等基础工业、基础设施，在此基础上大力发展对经济增长带动性强的高新技术产业和第三产业的某些行业；要实现我国县域产业结构调整与国际产业结构发展的对接，在制定产业政策时，不管经济发展的目标和策略的选择有何不同，都应当把县域产业的数量结构调整与组织结构优化和技术结构升级结合起来。要注意产业政策体系的整体配套和相互协调，形成合力，综合发挥它们的作用，避免彼此掣肘，相互抵消力量。

③充分发挥科学技术的作用，通过提高产业技术结构促使区域产业结构高级化。

（6）建立循环经济产业结构，实现资源、环境和经济的协调发展。

①采用新的技术成果，有计划地建立一批新兴产业。要使那些耗能大、耗物多的传统产业在整个区域产业结构中的比重逐渐降低，同时使那些知识技术起决定作用的新兴产业在区域产业结构中的比重不断增加。

② 在建立县域新兴产业的同时，用新技术对原来的县域传统产业进行改造。这主要表现在用新技术、新工艺、新设备来武装原来的传统产业，提高技术水平，促进原有产业部门的更新换代，逐步将包括传统产业在内的整个县域产业结构建立在新的技术基础上，实现以"劳动密集型""资金资源密集型"为主的县域产业结构向以"知识技术密集型"为主的县域产业结构的转化，提高我国的县域产业结构和优化区域产业结构。

四、坚持生态镇建设的原则

构建生态县镇的建设规划必须按照生态经济学原理，将城镇人口、资源、经济、社会、环境整体融合到生态经济系统中，统一规划和发展。城镇生态系统的良性循环和综合效益的提高，城镇建设的生态环境保护，直接关系到城乡社会经济发展和居民生活质量的提高，是统筹人与自然和谐发展的必然选择。

县域经济发展与资源开发利用及环境保护之间的协调问题是我国新农村建设所必须解决的问题。在城镇化建设中，在县域资源的开发利用过程中，各种资源之间，资源与环境之间存在着复杂的生态经济关系，只要我们从这种复杂的关系之间找出其内在规律，那么我们就可在通过资源的承载开发利用资源，避免因单纯追求生态效益或经济教益而带来的生态经济问题。

县域生态经济是兼有各种经济社会功能和生态功能的新型县域，是生态农业、生态工业、生态服务业集聚和融合的产物。依托城镇区域生态特色的优势，加快推进生态镇建设。对照生态镇经济发展、环境保护、社会进步等指标，编制生态镇建设规划。以生态经济发展原则为依据，建设可持续发展的县域经济。

五、坚持县域生态经济发展原则

生态经济是按照生态规律运行、实行资源循环利用、综合利用和清洁生产的经济形态，它具有自己的产业体系，由生态农业、生态工业和生态服务业构成，并形成生态区域。循环经济在发展理念上就是要改变重开发轻节约、重速度轻效益、重外延扩张轻内涵提高的传统的片面追求 GDP 增长的经济发展模式。把传统的依赖资源消耗的经济增长转变为依靠生态型资源循环来发展的经济，既是一种新的经济增长方式，也是一种新的污染治理模式，同时又是经济发展、资源节约与环境保护的一体化战略。循环经济与生态经济推行的主要理念是：

（1）循环再生原则。各种资源在城乡生物圈内相互依存，相互制约，构成一个完整的资源生态系统。系统内能量流动和物质循环效率的高低是衡量资源转化利用的一个重要指标。资源的合理开发利用就是要使"社会—经济—资源"复合系统内形成一套完整的生态工艺流程，且使系统内各种资源及环境之间在物质和能量方面形成良性循环系统。

（2）协调共生原则。城乡各种自然资源组成一个有机整体，它们之间是相互联系的，并存在着供求、连锁和限制等关系。一种资源的变动，必然影响到其他资源的变动。在生态系统中，植物性生产的限制，使动物性生产受到制约，由各种生物取食关系所形成的食物链关系使各营养极的数量受到限制。食品工业的建立和发展与农业资源的开发利用，矿产资源开发与工业的布局和发展等，都存在着一种平衡协调发展的关系。各行业之间及各生产系统之间的相互作用和协作关系，可以使它们之间合作共存和互惠共利，其结果使所有协调共生的行业或部门都可以大大节约原料能源和运费，整个系统也可获得多重收益。而县域内单一的资源开发利用和各产业的非平衡发展，使产业内部结构不平衡，共生关系薄弱，生态经济效益并不高，因此，在资源开发利用中，必须考虑它们之间的平衡协调和共生互利关系。

（3）适应性原则。与世界上任何事物一样，资源生态系统处于运动和变化之中，并在时间和空间上形成了各自独特的分布，因此，县域资源开发中必须根据各种资源的分布特点和其自身的特性，选择适应于自然资源形成和发展变化规律的方法加以开发利用。对于大多数资源的数量分布和其环境条件，人类目前还没有条件或不可能加以改造或改变，或者没有必要去加以改造或改变，因此，在资源开发利用中，人们只要采用适应于各种资源的特点就可获得满意的生态经济效果。

在生物资源开发中，首先应该考虑各种生物对环境的适应性，各种生物只有适应环境才能发展和进化下去，形成错落有序的立体结构，这样既可节省时间和空间，又可促进动植物生长发育和节省其他生产资源。在非生物的自然资源开发中，根据它们自身的特性和环境特征，选择合适的技术和方法加以开发利用。水电资源开发必须适应于当地落差、地形、地质等具体条件，并考虑防洪发电、灌溉、航行等需要，同时还要考虑整个生态环境的变化及其造成的影响。对矿产、土地等资源的开发也应考虑它们自身的形成和发展规律，并采用适应于这些规律的方法去开发利用。人们只有了解自然资源特性，适应自然规律和社会经济及技术等条件，才能使各类资源的开发利用获得好的生态经济效益。

（4）多样化原则。任何一个系统的演替发展及其稳定性在很大程度上取决于系统内部各组成成分及其结构和功能的多样性。多样化的组成和结构在抵御外界干扰维持系统稳定和自我恢复等方面有重要作用。资源的开发利用就是要建立一个高效、和谐的资源开发体系，而人为干预的许多活动往往又使这一开发体系的稳定性和生态经济效果受到影响。尤其是在单一结构或单一开发经营的条件下，它将变成为一个脆弱和低效的系统：单一的资源开发利用结构将影响国民经济全面和稳定的发展；单一的土地资源开发将影响人类及食品加工业等对农副产品的全面需求；单一的生物种群结构易受病虫害侵袭，且易造成土壤结构变坏和土壤肥力下降，以及生态系统的不稳定；单一的矿种、水电等资源开发往往容易造成资源浪费和环境污染等。多样化的资源开发利用体系将有利于建立多样化的产业结构和稳定的生产体系。县域经济发展，应当从长远考虑，致力于构建包括生态农业、生态工业、生态服务业在内的循环经济体系，以推动经济社会全面、协调地可持续发展。

六、坚持可持续发展原则

（1）公平性原则。公平性有两层含义：同代公平与代际公平。可持续发展不仅要实现当代人之间的公平，要满足全体人民的基本需求和给全体人民机会以满足他们要求过较好生活的愿望，更要实现当代人与未来各代人之间的公平，一代人不能因为自己的发展而损害后代人满足需求的自然资源与环境。

（2）持续性原则。这里的可持续性是指生态系统收到某种干扰时能保持其生产率的能力。必须正确处理开发与可持续发展的关系，在不浪费资源和不污染环境的前提下进行开发。资源的持续利用和生态系统的可持续发展是人类社会发展的前提。

（3）和谐性原则。可持续发展就是创建人类及人类与自然之间的和谐。

（4）共同性原则。由于世界各国历史、文化和发展水平的差异，其可持续发展的具体目标、政策和实施步骤不可能是一样的。但可持续发展作为全球发展的总目标，所体现的公平性和持续性原则，则是应该共同遵守的。并且只有采取全球共同的联合行动，才能促进人与环境的共生共存，实现可持续发展的总目标。

（5）需求性原则。人类的需求是在统一的自然环境系统中的需求，是在动态的、连续的、持续发展的自然环境中产生的。

（6）高效性原则。可持续发展是为了满足人们最大化的需求和经济的综合效益的最大化。

第二节　县域生态经济的发展体系

一、建立生态经济发展的技术保证

（1）构建产业间的生态化协作体系。主要表现在四个方面：

① 实现旧工业区的生态化改造和功能调整。

② 建立新型供能、集中治污、废弃物再生、资源化生态产业园区或产业基地。

③ 将生产工艺流程相似的工业企业集中在同一园区，进行统一的防污处理和生态化处理。

④ 按照循环经济发展的指标要求，建立生态产业链，形成绿色产品生产基地。

（2）完善生态经济发展体系。完善生态经济发展体系是实现经济可持续发展的必要之路。胡锦涛同志在 2004 年中央人口资源环境工作会议上明确地指出：要加快转变经济增长方式，将循环经济的发展理念贯穿到区域经济发展、城乡建设和产品生产中，使资源得到最有效的利用。

① 发展生态型工业。加大财政对"资源—产品—再生资源"生产和 ISO14000 环境管理体系认证的扶持力度，推行绿色生产。

② 发展生态型农业。加强对农民的培训，完善基础设施建设，改进服务功能，加大农产品加工及新品种的引进力度，发展都市现代农业。构建水果、畜禽、花木、蔬菜、水产、小水果等六条农业产业链，推广"果园养鸡""猪—沼—渔"等种养模式，建成国家级和省级无公害农产品。

③ 发展绿色生态产业链。鼓励企业对能耗低、无污染、附加值高的产业进行自主创新和技术研发，发展以企业为核心，政府引导与监督，产、学、研共同发展的环境友好型工业，建立生态环保型县域经济基地。

④ 加大对休闲旅游业的扶持力度。发展生态型旅游。整合农业、旅游业资源，建设生态景观带，做强"农家乐"休闲旅游品牌。加快交通沿线经济发

展，在主要枢纽区域形成民俗旅店、饭店、及观光园等休闲经济带。

（3）建立生态经济发展的技术保证。生态经济发展必须有技术体系作保障。要注重科学实验和微观硬技术的开发研究，如高科技农业技术、企业的生态化技术、水土流失治理技术等，加强生态技术的开发与示范推广工作，使生态经济发展落到实处。

二、建立县域生态产业集群、加强县域生态经济一体化建设

（一）建立县域生态产业集群

发展生态循环经济，建立生态产业集群。按照美国哈佛商学院教授波特的解释，"产业集群是一组在地理上靠近的相互联系的公司和关联的机构，它们同处或相关于一个特定的产业领域，由于具有共性和互补性而联系在一起。"

产业集群发展是生态循环经济发展的基础。"以产业集群为空间组织形式发展循环经济，实质上是在原有专业化分工基础上引入新的分工角色，在集群中完成生产者、消费者、分解者的专业化分工，打通集群企业间的物质、能量、信息的流通渠道，搭建企业间的合作共生机制。延长物质相互使用链条，促使产业集群生态化升级和产业集群生态系统的建立"（Barro R.J，1992；刘学侠，2009）。

生态产业集群是企业在地理上的集聚，为企业之间的物质、能量和信息流供应提供了现实可能，既提高了资源利用效率，也减少了废弃物和污染物的排放。生态产业集群系统中有完善的专业化分工，系统中多样化、趋异化的企业、机构等实体间形成了协作共生的关系。产业集群的竞争力在于内生发展力即强大的自组织力。

（二）县域生态经济一体化建设

经济一体化有世界经济一体化、区域经济一体化，和县域生态经济一体化。县域经济一体化是指区域内两个或两个以上国家或地区或县域，在一个由政府授权组成的并具有超国家性的共同机构下，通过制定统一的对内对外经济政策、财政与金融政策等，消除国别之间阻碍经济贸易发展的障碍，实现区域和县域内互利互惠、协调发展和资源优化配置，最终形成一个政治经济高度协调统一的有机体的过程。

用生态学观点指导社会经济活动，对自然资源进行合理的开发利用，充分

利用环境容量，发展环保产业，开发绿色产品，建设城乡生态经济一体化，保证生态环境的良性循环，使生态良性发展和社会经济发展同步进行。目前，我国县域生态环境中存在耕地少、林地被占严重、山林资源破坏、土地流失严重、自然保护区遭到破坏等问题，县域生态经济一体化建设面临严峻困难。

县域生态经济一体化建设有利于城乡物资、生产、生态环境的密切交流。县域既能及时处理城市周围的废弃物，又能为城市提高休闲旅游避暑场所，是建立城乡完整的生态系统的必要步骤和环节。

（三）完善市场机制，促进生态产业逐步市场化

在社会主义市场经济条件下，生态建设的成效在很大程度上取决于能否建立适应市场经济规律的运行机制。因此，建设生态机制，关键是要建立可持续发展的机制，特别是要引入市场机制，即把生态环境资源的生态价值通过价格体现出来，将经济发展中的生态资源成本计入经济成本，实现采用资源创造经济价值的利益再分配，体现市场经济公平竞争原则。生态建设的市场机制，主要有环境资源的分配机制、评估机制、投资机制、补偿机制等。

（1）完善生态建设市场体系的必要性。

① 生态建设是一项涉及经济、社会、文化等方面的综合性系统工程。要解决市场经济在环境资源配置中的失灵问题，政府无疑要发挥强有力的促进、主导作用。但不能因此就忽视市场机制的作用，简单地由政府大包大揽。在生态建设中，要按照"污染者付费、利用者补偿、开发者保护、破坏者恢复"的原则建立并完善有偿使用自然资源和恢复生态的市场机制。引入市场机制有利于形成生态建设的持续激励机制，有利于解决政府投资、政府监管形成的干预不足与干预过度的问题。

② 引入市场机制有利于协调经济发展与环境保护的关系。生态建设就是要在发展中解决环境问题，将生态环境问题消化于经济社会发展过程之中，走生产发展、生活富裕、生态良好的文明发展道路。从这个意义上讲，生态建设要解决的根本问题是协调环境保护与经济发展关系的问题。要解决好这个问题，必须引入市场机制，使生态建设的各类主体综合考虑发展的收益和保护的成本，着眼于眼前利益和长期利益的结合、局部利益和全局利益的统一来规划经济建设和生态环境保护。

③ 引入市场机制有利于解决资金投入不足的问题。生态建设必须完善以政府为主导的多元化投资机制，发挥社会各方面解决环境问题的积极性和创造

力，多渠道增加环境投入。在生态建设中，引入市场机制，按照"谁投资、谁经营、谁收益"的原则，鼓励和引导企业投入生态环境保护与建设，可以拓宽资金渠道，吸引更多的社会资金、地区外资金甚至国外资金投入生态建设的项目和工程，保障生态建设项目的顺利实施。

（2）完善生态市场建设机制的步骤。

① 树立环境有价的意识，向全社会灌输环境有价理论。研究建立绿色核算体系，将生态成本打入经济成本。在人类社会发展之初，由于对自然认识水平低下，环境资源被看作是一种取之不尽、用之不竭的任何人都可无偿使用的自由财产，先占者可无偿使用该无主物。随着环境污染的日益加剧，人类才开始对环境有了更深的认识。有偿使用环境资源成为一种观念。

② 建立和完善法规，为生态建设引入市场机制提供法制保障。制定生态建设的法规，对生态治理企业的法律地位和独立作用予以明确，为生态治理企业适度竞争创造公平的环境。

③ 制定税收、贷款和融资等财政支持政策，为生态治理企业创造赢利空间。生态治理创造环境利益决定了政府必须对生态治理企业予以财政支持和政策倾斜。如我国海南实施优惠税费政策，建立资源回收奖励制度。通过制定生态省建设规划纲要，引导和鼓励投资者投入生态型产业，促进了生态型产业的发展。海南省于2003年颁布了《关于推进我省城市污水垃圾处理产业化发展的实施意见》，引导鼓励企业投资建设管理污水垃圾处理项目，还出台了关于贯彻落实国务院《排污费征收使用管理条例》的意见等政策，鼓励在工业污染治理项目中引进社会资金。

④ 建立市场准入和监管制度，保障生态产业市场健康发展。在生态建设中，生态治理需要专门的技术保障力量，需要厚实的经济实力，这就必须对生态治理企业的市场准入设立一定的门槛，一方面，避免浪费有限的社会资源；另一方面，保证生态治理市场健康运作。而市场监管是为了保证生态企业按照市场规则规范运作，维护正常的市场竞争，是生态建设引入市场机制不可缺少的外部因素。

⑤ 制定生态考核制度，将生态化建设量化、制度化。按照市场运作方式，鼓励企业在保护中开发，在开发中保护，将生态环境保护和建设与旅游、农业等资源的开发利用有机地结合起来，使生态保护和经济开发相互促进，相得益彰。

如海南省的生态监管制度已收到了明显的生态效果。2001年制定的《海南省资源综合利用企业（项目）认定办法》，明确了资源综合利用企业的准入标准，目前已经有一些企业按照政府审定高标准区域生态规划要求进行区域生态恢复与保护，同时利用改善和得到保护的生态环境优势条件开发旅游或其他项目。

（四）发展生态持续力，建立可持续发展经济

生态持续力是生态系统内部生命系统与其环境系统之间的持续变换能力，即生态系统所固有的内在持续发展的驱动能力。生态持续力是可持续发展的基础和内在动力，如果没有生态持续力，就没有经济的可持续发展，也没有人类的可持续发展和社会的可持续发展。物质的循环与生态产品转换机制的交替，在生态持续力运转过程中是同时进行的。生态持续力是持续推动经济社会持续发展的物质基础。

生态持续力是把生态资源转化为生态产品，反过来又把生态产品还原为生态资源的持续转换力。实现生态持续力，就必须建立自己的转换内容和转换机制。生态持续力的发展过程，是按照生态循环的各个环节的顺序进行的。即按生产者、消费者、分解者的环境的顺序进行的。这一发展过程的各个环节都有各自的生态功能，并且不可相互代替。构成一个不可分割而又不可逆的循环转换有机体。生态持续力就是通过生态再生产的各个循环环节与生态产品的合成与分解而不断发展的，从而持续驱动着经济社会的可持续发展。

第三节 县域生态经济发展模式分析

一、中国县域生态经济主导产业的选择

（1）生态产业实质上是生态工程在各产业的应用。生态产业是按照生态经济原理和知识经济规律组织起来的基于生态系统承载能力，具有高效的生态过程和和谐的生态功能的网络型、进化型、集团性产业，从而生成生态工业、生态农业、生态三产业等生态产业体系。

（2）生态经济要求产业结构合理化。产业结构变迁既是经济发展的结果，又是进一步实现经济协调稳定发展的动力。发展生态经济产业，实现经济可持

续发展，就必须构建符合循环经济要求的产业结构体系，结构合理是高质量经济发展的重要体现，是经济稳定发展的重要动力。

（3）循环经济要求产业结构的完整性、协调性，以及产业的环保化、链条化、网络化和循环化。这在本质上就是要求产业结构不断合理化，循环经济要求产业升级和产业结构高级化。循环经济 3R 原则本身要求以相应的技术体系作支撑，要求通过发展高新技术使工业生产尽可能地减少对能源与资源的消耗，提高物质的转换和再生，能量的多层次分级利用，在满足经济发展的前提下，使生态环境得到保护。

（4）循环经济要求按照环保和绿色标准调整产业结构。环保产业结构基准（Boulding K. E，1966）是以产业的环保亲和力、产业发展对环境的影响状况等为标准来衡量和评价产业结构发展状况的。产业的绿色标准主要是根据产业的绿色化程度来评价产业结构的状况。按照这一基准，产业结构调整的努力方向包括以下几点：

① 以节约促进产业结构效应的提高，鼓励能源回收型和节约型、废弃物减量型、绿色消费型等产业的发展。

② 发展环保产业、绿色产业和相应的高新技术产业。

③ 调整和逐步淘汰资源浪费型、环境污染型产业。

二、中国县域生态经济主导产业布局

县域生态产业的布局必须按照循环经济的要求构建，实现经济发展与产业布局的有机统一。

（1）构建县域生态产业应基于循环经济技术体系。

（2）通过发展高新技术使工业生产尽可能地减少对能源与资源的消耗，提高物质的转换和再生，以及能量的多层次分级利用，在满足经济发展的前提下，使生态环境得到保护。

（3）按照循环经济要求，实现产业升级和产业结构高级化。

（4）按照循环经济要求的环保和绿色标准调整产业结构。

以产业发展对环境的影响状况为标准来衡量和评价产业结构的发展状况，以节能减排促进产业结构效应的提高。鼓励能源回收型和节约型、废弃物减量型、绿色消费型等产业的发展。发展环保产业、绿色产业和相应的高新技术产业，调整和逐步淘汰资源浪费型、环境污染型产业。

三、中国县域生态经济发展模式分析

生态经济作为现代经济发展模式，既不是以牺牲生态环境为代价的经济增长模式，也不是以牺牲经济增长为代价的生态平衡模式，而是强调生态系统与经济系统相互适应、相互促进和相互协调的生态经济发展模式。生态经济已经成为新理念、新战略、新经济、新县域发展模式。县域生态经济发展模式有如下几类：

（1）县域生态农业发展模式。生态农业作为一种新的农业发展模式，已在我国不同地区、不同层次和不同规模区域进行了广泛的试点和推广工作，积累了丰富的实践经验。我国县域生态农业有生物立体共生型、有机物多层利用型、山区生态景观休闲型、科考探险型、民族文化型、农业科技型、农业工程及资源开发型、全面规划良性发展型等多种发展模式。还有早期生态户的生态庭院、农牧结合、农牧渔结合、农副结合等模式。生态农业发展模式种类繁多，但模式研究多停留在单个案例分析与评价阶段。今后必须进行模型化研究，增强模式的普遍指导意义。

（2）县域生态工业发展模式。县域生态工业发展模式主要有资源节约型、主导特色型、示范园区型、高新技术型等。我国许多地区如广西、海南、深圳和众多企业也都开展了生态工业方面的实践。海南省是我国第一个建立"生态示范省"的省份，并在全国率先以地方立法的形式通过了《海南生态省建设规划纲要》，开展了生物技术工业群设计理论探讨。深圳、武汉东湖等地也将发展高新技术产业（如软件、电子产业等）与建设生态工业园区相结合。但由于对于工业生产活动乃至整个经济活动和自然界生态过程的关系缺乏深入的认识，所以对生态工业的研究和实践目前还十分薄弱，发展也很缓慢。

（3）生态旅游发展模式。我国的生态旅游主要有景观休闲型、科考探险型、民族文化型、农业科技型等发展模式。生态旅游是在自然旅游的基础上发展而来的。中国拥有丰富的自然资源与文化资源，具备许多开展生态旅游的优势，如依据"生态立县""生态活县"的理念打造生态旅游名县和生态资源名县，以及民俗类文化产品等。1997年年底，国家建立自然保护区932个，列为国家级的有24个，被正式批准加入世界生物圈保护区的有14个，其中已有82个保护区正式开办旅游。

（4）生态县镇发展模式。生态县镇作为一种实现可持续发展的未来示范已被人们接受和普遍重视，目前全球许多城市正在按照生态城市目标进行规划与

建设。国内各学科在进行大量的理论研究的同时，也进行了大量的生态城镇、生态村的建设实践，如江苏省大丰市的生态县建设、安徽省马鞍山市的生态城市规划、江西省宜春市的规划等，这些实践都极大地丰富和推动了国内生态城镇建设理论的发展，对生态城镇的内涵、规划和建设标准、评价标准体系、运行机制、演进模式等进行了深入的探讨。

四、标准化生态县域经济发展模式

（1）传统农业向可持续发展的现代农业转变。现代农业是继传统农业之后的又一个农业发展新阶段，是以现代工业和科学技术为基础，重视加强农业基础设施建设，根据国内外市场需求，建立起采用现代科学技术、运用现代工业装备、推行现代管理理念和方法的农业综合体系。它具有如下特征：

① 内涵丰富。我国原国家科学技术委员会发布的中国农业科学技术政策，对现代农业的内涵界定有三个层面：产前领域，包括农业机械、化肥、水利、农药、地膜等；产中领域，包括种植业（含种子产业）、林业、畜牧业（含饲料生产）和水产业；产后领域，包括农产品产后加工、储藏、运输、营销及进出口贸易技术等。可见，现代农业不再局限于传统的种植业、养殖业，而是包括第二产业和第三产业在内的群体产业，在现代农业发展阶段，三种产业的界线已经趋于模糊。

② 技术密集。传统农业主要依赖资源的投入，而现代农业则日益依赖于新技术投入，新技术是现代农业的先导和发展动力。包括生物技术、信息技术、耕作技术、节水灌溉技术等农业高新技术，这些技术使现代农业成为技术高度密集的产业。

③ 形式多样。相对于传统农业，现代农业正在向观赏、休闲、美化等方向扩延，假日农业、休闲农业、观光农业、旅游农业等新型农业形态也迅速发展成为与产品生产农业并驾齐驱的重要产业。传统农业的主要功能是提供农产品，而现代农业的主要功能除了农产品供给以外，还具有生活休闲、生态保护、旅游度假、文明传承、教育等功能，满足人们的精神需求。

④ 以市场为导向。与传统农业自给自足相对封闭的特点相比，现代农业是农民的大部分经济活动被纳入市场体系，是为了满足市场需求而生产。从发达国家的情况看，无论是种植经济向畜牧经济转化，还是分散的农户经济向合作化、产业化方向转化，以及新农业技术的使用和推广，都是在市场的拉动或挤压下自发产生的，政府并无过多干预。

⑤ 重视生态环保。现代农业也是一种生态农业，是资源节约和可持续发展的绿色产业，担负着维护与改善人类生活质量和生存环境的使命。在土、水、气、生物多样性和食物安全等资源和环境方面均有严格的环境标准，这些环境标准，既包括产品本身，又包括产品的生产和加工过程；既包括对某地某国的地方环境影响，也包括对相邻国家和地区以及区域环境和全球环境影响。

在推进现代农业发展方面，政府要发挥重要职能，关键是坚持统筹城乡发展。这种统筹的实质，就是要把解决好三农问题作为全部工作的重中之重，更多地关注农村、关心农民、支持农业。具体应做好以下工作：

第一，加强基础设施建设。促进农业基础设施的现代化和可持续化，是建设现代农业的一项重要内容。由于农业基础设施建设投入高而投资回报率较低，它的利用具有公共性。因此，各级政府应当是农业基础设施建设的主导力量。在发展目标上，应该围绕提高农业装备水平、优化农业发展环境、改善群众生活质量，把基础设施建设与农业综合开发相结合，与推进城镇化战略相结合，与工商服务业发展相结合，构建城乡统一的基础设施网络。在建设内容上，治水、改土、造林、修路、办电、建园协同推进，山水田林路综合治理。在投入机制上，政府直接投入的重点应是社会共享型基础设施，还要着眼于促进民间资金向民营资本转变，通过政府投入的导向作用，吸引社会资金投入农业基础设施建设，逐步形成国家、集体、社会力量等多渠道、多形式的多元化投入格局。

第二，推进体制机制创新。完善的市场机制是发展现代农业的组织和制度前提。一是农业经营体制的创新。家庭承包经营体制适应现阶段我国生产力发展水平，是推进现代农业建设的制度基础。但其经营规模小，产加销脱节、组织化程度低等局限性日益突出，必须继续探索完善。从实践看，农业产业化经营是经营体制创新的有效形式。二是农业管理体制的创新。长期以来，农业管理部门分割，职能交叉，管理界限不清，中间环节较多，深化改革势在必行。改革的方向是对农业产前、产中和产后管理部门实施职能明晰、机构调整、资产重组的组织变革，构建服务于产加销一体化经营的管理体制。三是农产品流通体制的创新。要加快粮食等重要农产品的市场化进程，深化国有流通企业改革，消除行业间、地区间的市场封锁和行政壁垒，延伸绿色通道，逐步建立统一开放、竞争有序的市场体系。

第三，加强对农业的支持保护。政府对农业实施适度的支持保护，既是世界各国的普遍做法，也是我国各地区农业参与世界竞争的现实需要。政府应制定和实施科学、合理、适当倾斜的农业政策。当前，尤其要借鉴国际通行做法，在 WTO 框架下积极构建合理、有效的农业支持保护体系。要利用好绿箱政策，要不断提高财政预算内资金投入农业的比重，加大对农业基础设施、科研教育、技术推广的投入力度。要改革补贴方式，将价格补贴直接发放到农产品生产者，使农民真正得到实惠。要进一步深化农村税费改革，搞好乡镇机构、农村教育布局调整和县乡财政体制改革。同时要强化农产品生产经营预警机制，针对农产品生产周期长、信息传递慢、受自然和市场双重影响的特点，提前采取缓冲制衡措施，减少农民的生产经营风险。

第四，构建完善的服务体系。农业服务体系建设，要与乡镇事业单位机构改革相结合，按照公益性事业与经营行为分开的原则，规范管理体制，理顺条块关系，精简事业编制，强化服务功能。一是强化科技服务。重点要以龙头企业为依托，围绕农产品的良种培育和加工、储运、保鲜及农产品综合利用技术与设备的研究开发，加强重大技术攻关，有计划地建立一批高效益、标准化的区域性科技示范园区或基地。继续发挥科研单位和乡镇农技推广机构的作用，引导、鼓励龙头企业和民间科研机构、专业技术协会等社会组织参与技术推广。二是完善市场服务。要加快构建多层次、多类型、多功能的农产品市场体系。规范市场行为，打击欺行霸市，维护正常的市场交易，逐步形成统一、规范、有序的市场环境。建好农产品和农业要素市场信息网，做好农产品信息特别是中长期市场信息的分析，及时、准确地为生产经营者提供服务。三是加强金融服务。建立以政策性金融和合作金融为主导、商业性金融为辅助的农业金融体系，加强对农业项目、扶贫项目以及龙头企业、营销大户的资金支持，努力提高促进农业发展的金融服务水平。

第五，注重搞好示范引导。建设现代农业既是一个持续发展的渐进过程，也是一个探索、创新的实践过程，需要各级政府切实加强规划、指导和示范。在规划引导上，要着眼于培育区域特色产业和优势产品，使各地从实际出发，优化区域布局，形成区域特色经济。要注意抓住推进发展的关键环节，切实从以行政指挥为主转到综合运用行政、经济、法律手段上来，遵循经济规律，坚持依法行政；从直接介入微观经济活动转到加强引导、提供公共服务上来，当好引导者、服务者和裁判员；从一般性号召转到帮助解决具体问题上来，深入调查研究，增强工作的针对性和实效性，力促现代农业在典型示范中实现可持续发展。

（2）人居环境得到改善。县镇加强完善公共设施，以村村通公路、村村通电视、村村通自来水为标准，大力加强基础设施建设。对县镇统一进行美化、净化、绿化。同时，鼓励扶持组建各类文艺团体，每逢节假日或重大庆典活动进行演出，丰富农村文化娱乐生活，提高农民及外来经商者的生活质量。积极做好生活污染防治，不断改善城镇居住环境。县镇实行生活垃圾有偿服务和无害化处理，推行市容和环境卫生"门前三包"工作责任制，形成"横向到边、纵向到底"的卫生保洁责任网络，实现城镇全日保洁目标。

① 在公众场所附近兴建公共厕所，在主要街道修建垃圾箱，有效遏制城区内乱倒、乱丢垃圾现象。

② 划定饮用水源保护区。

③ 实施县城供水系统改造工程，保证供水安全，提高饮用水的质量。

④ 要求民用建房和各饭店、宾馆都建有生活污水处理设施，采用三级化粪池处理后再排放；对较大的饭店、宾馆均要求建有油烟处理设施，要求使用清洁能源，减少对周边环境的影响。

⑤ 加强环境噪声污染治理，提高环境质量。

（3）农民收入增速加快。要坚持统筹城乡发展，努力推进社会主义新农村建设。大力发展农村公共事业，逐步完善农村公共卫生和基本医疗保障体系，加快生态文明村建设，进一步改善投资环境和农村生产生活条件。花大力气抓好"十项民心工程"，解决好农民生产生活中的困难和问题，努力增加农民收入。做好农民上岗前的技术培训工作，组织好劳务输出，发展"劳务经济"。大力推进"强镇富民工程"，加快发展乡镇工业企业，壮大乡镇经济，实现建设"奋发活力、文明富强、和谐安宁"的目标。

（4）生态环境得以保护。保护生态环境，节约自然资源，保证经济、资源、环境的协调发展是可持续发展的重点，是县域经济发展的唯一出路。

① 实现县域经济、资源、环境的协调发展，必须进一步转变观念、提高认识，经济、资源、环境的协调发展是弱化、消除它们之间的消极关系，同时充分利用和发展其积极关系，从而实现它们之间的良性循环。这种良性循环的总要求就是县域资源的开发利用必须与县域经济社会发展相协调，即在县域经济发展的同时，对可更新资源的利用要以不破坏其再生机制为前提，使自然资源基础得以维持和加强。随着人口的增加和经济的发展，资源相对丰富的县域也将逐渐面临资源不够的压力，资源供需矛盾会日益突出，为了保证县域经济的持续发展，节约和保护自然资源势在必行。因此，必须要有清醒的认识，要改变过去那种认为资源无限、取之不尽、用之不竭的旧观念，增强资源的人均

意识，认识到资源相对短缺已成为国民经济发展的制约因素。

② 实现县域经济、资源、环境的协调发展，必须全面节约和保护自然资源。针对在资源开发利用上存在的突出问题，必须采取有力措施，通过各种协调配套措施，大大降低资源的消耗，提高资源利用率和经济效益，延长资源的开发利用期，全面节约和保护自然资源，这是保护县域经济持续稳定发展的必要措施。进一步完善自然资源管理法规，深化资源管理体制改革，强化政府的资源管理职能，落实资源产业的生产经营权利义务，建立各类资源管理和协调机构，并形成内外结合的资源监督机制，防止对资源的无偿占有、掠夺性开发和毁坏浪费；要制定合理的产业政策，调整产业结构，使资源开发与产业建设协调发展，有计划、有步骤、有重点、分阶段地开发各类矿产资源，防止乱采滥伐，造成浪费；要对现有产业进行大规模技术改造、技术革新，大力推广节约资源、降低原材料、提高全员劳动生产率、改进产品质量和环境保护方面的科技成果，使一批重大的工业共性技术广泛地进入企业的技术改造，对那些耗能、耗水高的重工业，应重视提高矿山的采选冶炼水平，扩大生产能力，提高资源、能源的利用率和资源回收率；要实行资源的综合利用，包括对煤炭、木材等的综合利用和生活垃圾的再生处理，对伴生、共生的矿产资源加强综合勘探、综合开发和深度加工，重视工业用水的重复利用和循环利用；要按照市场经济的运行规则，把节约资源推向市场，建立健全项目管理、投资效益评估、环境影响评价、监督实施、独立核算及检查验收等制度，使项目的节约效益及时得到反映，确保效益好的节约项目获得广泛的推广和应用；要实行资源特别是矿产资源有偿使用制度，维护资源的国有权益，防止由于资源无偿开采所导致的资源浪费和国家经济权益大量损失。

③ 实现县域经济、资源、环境的协调发展，必须大力加强环境保护与整治。县域经济发展必须更新思想，树立和普及生态观念、环境意识。我们脚下的土地，头上的天空，地上的河流，山上的一草一木，自然资源不仅属于我们，也属于子孙后代，我们无权浪费和毁坏子孙财产，也不能留给子孙一个无法生存的环境，加强环境保护与整治，是历史赋予我们的特殊责任。

在发展部署上，必须明确地把环境保护与整治作为县域经济开发战略的重要组成部分加以高度重视，使经济开发与环境治理同步协调进行。在具体实施的过程中，除了要使资源的开发、利用、生产维持在环境容量所允许的范围内，采用先进技术，提高资源综合利用率，变普遍的资源浪费为资源节约外，还要特别抓好污染治理和生态整治工作。新建、扩建、改建项目时，技术起点要高，尽量采用耗能量小、污染物排放量少的清洁工艺，要根据环境承载能力，合理布局，实行资源优化配置。政府在审批项目时要严格把关，凡是采用落后工艺、布局不当、污染环境的工业项目，一律不得批准建设；现有企业必须明确治理污染的责任，坚持"谁污染谁治理""污染者付费"的原则，加强对自身污染的治理工作，大力开展综合利用，最大限度地实现"三废"资源化；城镇要实行以工业污染防治和基础设施建设为主要内容的环境综合整治，使污水、固体垃圾、生产垃圾、噪音等减少到最低程度；各级政府、有关部门、企事业单位必须加强环境污染防治技术推广，各科研部门要加强对治理环境污染方面的科学研究，积极发展环保产业。在生态环境整治方面，县域特别是山区县要坚持生物措施和工程措施相结合，以生物措施为主的原则，提倡植树种草、封山育林，严禁乱砍滥伐，恢复植被，建立自然保护区，保护生态资源。结合农业区域开发、中低产田改造和农业商品基地建设，大力开发和推广生态农业工程建设，建成一批生态农业县；依法做好水土流失的预防监督管理，以生物治理为主，辅之以工程治理，通过疏通河道、加固堤坝、兴修水利、农田整治、退耕还林等保护措施，有效地抑制水土流失。

第四节　县域生态经济发展目标

生态文明作为全面建设小康社会目标的新要求，对县域经济的发展起到了巨大的导向作用。党的十七大报告首次提出的生态文明是对人与自然关系的历史总结和升华，是县域生态经济发展的主体目标。主要包括：人与自然和谐的文化价值观；生态系统可持续发展的生产观；满足自身需要又不损害自然的消费观。

一、县域生态经济发展的主体目标

建设生态文明，要求人们在改造客观世界的同时，改善和优化人与自然的关系，达到人和自然和谐共处。生态文明既是理想的境界，也是现实的目标。保护好我们赖以生存的生态环境，实现保护生态环境与经济发展双赢，为子孙后代留下一个美好的生态家园，必须做到：

（1）以创新思想观念为基础，开创县域经济发展的新起点。发展县域经济时，要解放思想，克服观念误区。应把县域经济放在经济全球化的大格局中来审视，因地制宜，发挥优势，选准坐标，突出重点，突出特色，打优势牌，走特色路。

① 要破除"等、靠、要"的旧观念，发挥主观能动性，善于及时发现经济发展的机遇，靠拼抢精神主动抓住发展机遇。

② 要破除狭隘的地方观念，树立大开放的市场观念。

③ 要创新领导体制，巩固机构改革成果，真正简政放权，转变职能，加强基层组织建设。

④ 要创新工作方式，总揽全局，激励协调，宏观指导，微观服务，具体而言，就是议大事，抓重点，攻难点，把握工作主动权。

（2）以保护生态环境为重点，构筑县域经济发展的新亮点。统筹人与自然和谐发展，必须使生态环境得到改善，方能使可持续发展能力不断增强，最终使县域走上生产发展、生活富裕、生态良好的文明发展道路。

① 实施农村生态环境建设。

② 强化资源环境管理。

③ 开发生态资源。

为了实现生态环境建设的可持续发展，把生态工程推向市场，通过生态环境资源开发促进生态环境建设产业的滚动发展。要积极建立生态经济园开发区，走生态农业与观光农业、休闲农业、创汇农业相结合，传统农业向现代农业转变之路。

（3）以节约自然资源为保障，提升县域经济发展的新续力。节约自然资源，促进和谐发展是今后一段时期我国县域经济可持续发展的重要指导思想，必须以提高可持续发展为目标，始终坚持有效保护、合理节约利用资源的方针，正确处理好资源保护、利用与经济发展的关系。

① 加强法制建设，坚持依法行政，进一步加大资源法律法规的执法力度，提高自然资源的合理开发利用水平。

② 始终处理好经济建设与资源、环境的关系，在保持经济又快又好发展的同时，保护和节约使用自然资源，把经济增长建立在合理利用自然资源的基础上。

③ 严格执行国土资源保护和管理的政策，在保护中开发，在开发中保护，走节约型的国土资源综合开发利用的路子。

④ 整合土地资源。

（4）以加强生态技术创新和推广为主线，畅通县域经济发展的新征途。要加大生态技术投入，尽快形成"政府投入为引导，企业投入为主体、全社会投入为补充"的多元化科技投入机制；要加快建立企业技术创新体系，鼓励有条件的企业与相关大学、科研院所开展"产学研"结合，增强企业引进消化吸收和再创新能力，引进先进适用的科技成果和经验为县域所用；要加快生态技术成果转化，鼓励企业用先进、适用的生态技术改造、提升传统产业，提高技术装备水平，推进县域一些传统产业升级和产品更新换代。

（5）以引进高素质创新型人才为依靠，建立县域经济发展的新阵地。认真贯彻科学发展观和科学人才观，坚持党管人才的原则，在县域加快党政人才、企业经营管理人才和专业技术人才这三支队伍的建设，同时，抓紧培养专业化高技能人才和农村实用人才。要制定政策，不拘一格地选拔人才，采取调动、兼职、科研和技术合作的方式，把优秀人才引进来，也可利用技术入股、成果转让等灵活方式留住人才，为县域经济发展提供坚实的后盾。县域企业是转变发展方式的重要阵地，要加快培养优秀的企业家、优秀的经营管理者和优秀的思想政治工作者，使他们在转变增长方式中发挥中坚作用，使企业进一步增强自主创新能力，在激烈的国内外市场竞争中能够站稳脚跟，开拓创新，在市场竞争中立于不败之地。

二、县域经济发展的具体目标

落实科学发展观，系统的、综合的、前瞻的、有针对性，及可操作性地规划县域经济发展的具体目标。

（1）要分析县域经济发展的现状与趋势、实力与潜力、优势与劣势、挑战与机遇，必须以加快推进农业产业化、工业化、城镇化和生态化为目标，坚持以农业现代化为基础、工业化为主导、城镇化为支撑、生态化为保障，统筹兼顾，良性互动，协调发展。

（2）深入研究市场经济特别是宏观经济政策和经济发展态势，在统筹经济社会发展方面提出新举措、新办法；保护优先，有序开发，确保发展质量，坚决控制不合理的资源开发活动。通过制度建设，进一步倡导和树立"保住青山绿水也是政绩"的观念。目前，已有不少地方把生态建设和保护成效纳入干部考核评价体系之中。还应该加快建立并落实节约资源、保护环境的目标责任制和行政问责制。

（3）准确定位县域自身发展，充分发挥县域优势。要充分利用县域内外部各种资源、生产要素和市场，从各自的发展阶段、经济特征、资源情况、产业基础和区位优势等方面入手，科学选择和确定不同的发展模式，合理确定基础产业、主导产业和新型产业，构筑起分工明确和联系紧密的特色产业群，积极促进县域产业集群化发展。善于在扬长避短中培育特色，在资源整合中形成特色，在差异发展中突出特色，变潜在优势为现实优势，变特色优势为经济优势，发挥比较优势，发展特色经济，着力培育加快发展的新优势，努力走出一条符合自身实际的新路子。

三、构建和谐县域，实现可持续发展

人与自然的关系和人与社会的关系，是现代人类社会的两种基本关系，而人、社会与自然是密不可分的和谐统一的整体。从人与自然之间的和谐、人与人之间的和谐这两个层面来理解和谐社会，"和谐"应是尊重自然规律、经济规律、社会规律的必然结果，是可持续发展的客观要求。和谐社会也是一种有层次的和谐，其核心层是人与人之间关系的和谐，即人与人的和睦相处，平等相待，协调地生活在社会大家庭之中；其保证层就是社会的政治、经济和文化协调发展，与和谐社会的要求相配套，基础层是必须有一个稳定和平衡的生态环境。

和谐社会必须在一个适宜的生态环境中才能保持发展，没有平衡的生态环境，社会的政治、经济和文化不能生存和发展，和谐的人际关系也会变成空中楼阁，无存在的基础。因而，生态和谐是和谐社会的基石，没有生态和谐的社会不是真正的和谐社会。

（1）坚持科学发展观，促进经济和社会的全面发展。要用和谐的眼光、和谐的态度、和谐的思路和对和谐的追求来发展生态经济，走人与自然和谐之路，不断改善生态环境，提高自然利用效率。要加快改变环境与经济发展相对立的传统经济学观念，树立生态环境也是生产力，环境与发展两者应是协调统一的整体的生态经济学新观念，深刻领会人口、资源、环境与社会经济在发展中是相互关联、相互制约、相互依存的矛盾对立统一体；充分强调生态保护对国民经济和社会发展的重要作用，充分认识保护生态环境就是保护生产力，改善生态环境才能发展生产力。

（2）发展生态经济，必须进一步解放思想，更新观念。确立"立足生态、着眼经济、全面建设、综合开发"的发展思路，实现资源开发与资源培植相结合，生态建设与经济发展相结合，生态建设与经济发展相结合，实现经济效益、生态效益、社会效益的协调统一。

四、走生态经济发展之路，实现社会经济的可持续发展

经过多年的发展，生态经济作为一种理念正在被越来越多的人所理解和接受，而且由理念上升为一种理论体系。人们越来越认识到：片面追求经济增长必然导致生态环境的崩溃，单纯追求生态目标也处理不了社会经济发展的诸多问题，只有确保"自然—经济—社会"复合系统持续、稳定、健康的运作，方有可能同时实现这两个目标，从而实现人类社会的可持续发展。

生态经济既是生产不断发展与资源环境容量有限的矛盾运动的必然产物，也是实现可持续发展的一种具体形式，是把经济社会发展和生态环境保护和建设有机结合起来，使之互相促进的一种新型的经济活动形式。

生态经济强调生态资本在经济建设中的投入效益，生态环境既是经济活动的载体，又是生产要素，建设和保护生态环境也是发展生产力。生态经济强调生态建设和生态利用并重，在利用时抓环境保护，力求经济社会发展与生态建设和保护在发展中实现动态平衡，实现人与自然的和谐。坚持可持续发展道路就必须走生态经济发展之路。

第五节　高目标县域生态经济发展分析

实现党中央提出的未来经济发展目标，关键在于加快转变经济发展方式、完善社会主义市场经济体制。转变经济发展方式，是在探索和把握我国经济发展规律的基础上提出的重要方针，也是从当前我国经济发展的实际出发提出的重大战略。加快转变经济发展方式，必须辩证地认识物质财富的增长与人的全面发展的关系，必须大力推进经济结构战略性调整，注重提高自主创新能力、节能环保水平、经济整体素质和国际竞争力，必须深化对社会主义市场经济规律的认识，完善宏观调控体系。

（1）立足生态经济，争先快发展。当前是新一轮发展的黄金期，也是新一轮区域排位的洗牌期，竞争将更为激烈，挑战也更为严峻。要瞄准更高的目标定位，坚持争先发展不动摇、抢抓机遇不等待，立足实际，顺时应势，有条件时，抓住机遇，乘势而上；没有条件时，创造条件，迎难而上，以攻坚克难、加压奋进的态势，抢占每一次发展先机，实现镇域经济发展大的突破。

（2）抓住重点生态产业大发展。坚定不移地把生态化工业作为强镇富民的核心，注重特色产业的集聚、支柱产业的发展、龙头企业的示范带动作用，不断提升产业层次，扩大产业规模。要做大发展载体，以产业集群园区和集镇市场建设加快强镇的步伐，加快城乡统筹发展。要着力抓好高效规模生态农业、生态村，扎实推进新农村建设。

（3）以人为本，促进生态县发展。坚持激发全民的创业活力，把群众的思富愿望变成致富的行动，做到敢创业、会创业、勇于创大业、善于创新业，大力发展民营经济，实施富民工程。要进一步加强镇村干部队伍建设，重视后备力量的培养，为加快发展镇域经济提供组织保证。

（4）统筹兼顾，全面建设谋发展。全面落实生态循环经济发展理念，加快提升县城与农村、经济与社会协调发展水平，经济提速与发展社会事业同步进步；在加强集镇环境建设的同时，不断加大农村环境的综合整治；在加快开发开放的同时，切实推进资源的综合利用和环境保护；在不断深化改革的同时，全力维护社会和谐稳定，努力干出一个镇域经济发展的新天地。

第六节　县域生态经济是建设社会主义新农村的理想目标

以生态环境建设和社会经济发展为核心，遵循生态学原理和经济规律，把区域内生态建设、环境保护、自然资源的合理利用、生态的恢复与该区域社会经济发展及城乡建设有机结合起来，通过统一规划，综合建设，培育天蓝、水清、地绿、景美的生态景观，诱导整体、和谐、开放、文明的生态文化，孵化高效、低耗的生态产业，建立人与自然和谐共处的生态社区，实现经济效益、社会效益、生态效益的可持续发展和高度统一。与传统经济以利润为目标不同，生态经济以人类和其生存的环境生态和谐发展为目标。生态经济以人和生物作为生态系统的主体，统筹考虑人类的经济发展和自然的生态平衡，力求人的发展与自然发展的和谐，以及社会进步和生态平衡的完美结合。生态经济以全新的理念和思维，找到了人与自然共存互利的途径。

一、建设生态型新农村

建设生态型新农村就是发挥农村特有的生态优势，以生态型农业为重点，逐步推进农村发展。生态环境建设的最终目的，是从根本上为人民创造良好的生存空间和发展空间，保障人民生活质量长久可持续的提高。近年来，政府在积极引导农民发展经济的同时，特别注重引导他们保持生态环境的优良，在相当多的一些地方，"生态经济"成了农民们发家致富的捷径。目前，农业已成为生态破坏和环境污染的行业，化肥农药的广泛使用严重地影响了农村的生态环境。中国农村还面临着水土流失、土地沙化、盐碱化等农业生态系统退化的问题。生态化农村建设不是要把农村建设成人人向往的花园，而仅仅是让环境达到不损害人健康的最低标准。

（1）生态农业系统是一个"自然—经济—社会"复合系统。1970 年，美国土壤学家 Aibreche W 提出生态农业的概念以来，各国都在生态农业的发展模式、理论探讨等多方面进行了大量的研究与实践。新的经济形势对发展生态农业提出了更高的要求，面对人口的急剧增长、资源快速消耗、经济全球化发展的现实，我们应围绕农业增长方式的转变，通过技术革新、体制创新等经济和技术手段，实施生态经济农业发展模式，提升生态农业产业化经营水平。

国内学者提出了"中国生态农业"的概念，认为生态农业是一个"按照生态学原理和生态经济规律，因地制宜地设计、组装、调整和管理农业生产和农村经济的系统工程体系"。生态农业是一个农业生态经济复合系统，将农业生态系统同农业经济系统综合统一起来，以取得最大的生态经济整体效益。它以资源的永续利用和生态环境保护为重要前提，根据生物与环境相协调适应、物种优化组合、能量物质高效率运转、输入输出平衡等原理，运用系统工程方法，依靠现代科学技术和社会经济信息的输入组织生产。生态农业也是农、林、牧、副、渔各业综合起来的大农业，又是农业生产、加工、销售综合起来，适应市场经济发展的现代农业。生态农业通过食物链网络化、农业废弃物资源化，充分发挥资源潜力和物种多样性优势，建立良性的物质循环体系，促进农业持续稳定地发展，实现经济、社会、生态效益的统一。生态农业是以生态经济系统原理为指导建立起来的资源、环境、效率、效益兼顾的综合性农业生产体系，是一种知识密集型的现代农业体系，是农业发展的新型模式。

（2）生态农业是在现代农业的负效应越来越突出的条件下产生和发展的。现代农业发展中投入大量的不可再生的能源，加之水资源的过度消耗、化肥农药及化工产品的大量使用，使环境污染加剧、使农业生产成本增加。只有发展生态农业，才能合理利用现有的生态资源。在发展农业的过程中，围绕营造蓝天、碧水、绿色、清静的生态环境，始终坚持不懈地把水、山、林、草、气等生态环境资源摆在突出位置，由此夯实生态农业的发展基础。在农业结构调整中，对有损于生态环境的事，即使能取得一时的经济效益，也绝对不容许干。比如：在水产业养殖上，对滞涝区、行洪区进行严格控制，确保行洪滞涝的需要、水质的净化；对那些宜林的湿地，积极发展人工湿地林，防止图一时之利，造成对整体环境的破坏。

（3）绿色农产品是农业发展进入新阶段的重要标志。农产品绿色质量安全日益得到人们的关注和重视，绿色食品备受青睐。受其影响，在国际国内农产品市场竞争中，绿色安全成为筹码，"绿色壁垒"日趋严格。从农产品在市场上的销售情况看，最走俏的是具有生态品牌的农产品。新一轮农业发展的竞争是以农产品绿色质量安全为主要特征的。只有发展生态农业，才能更好地促进经济社会全面协调可持续发展。生态农业代表了现代农业发展的方向，其本身的内涵要求我们要着眼于可持续发展、城乡一体化发展、产业的联动发展和人的全面发展。

二、培养农民的生态意识

建设新农村的主体是广大农民。农民是新农村建设的决定性因素。农村经济社会发展与全体农民素质的提高，两者相互作用，相辅相成，由此形成良性循环。建设社会主义新农村，关键是要培养"新型农民"。

（1）提高农民的科学文化素质。我国农民的科学文化素质普遍较低，平均受教育年限约为 7 年。据上一次人口普查的数据显示，全国 16～59 岁的劳动年龄人口，文盲和半文盲数达到 4300 万，占 5.2%；初中以下劳动力比重高达 79%，而农村初中以下劳动力比重更是高达 91.2%。大量低素质的人口集中在农村，直接制约了农业的发展、农村的进步和农业生产方式的变革。与此同时，我国农业技术人员也比较缺乏。发达国家每百亩耕地平均拥有 1 名农业技术员，农业从业人口中接受过正规高等农业教育的达 45%～65%，而我国目前每百亩耕地平均拥有科技人员 0.0491 人，每百名农业劳动者中只有科技人员 0.023 人。显然不能适应农业现代化和新农村建设的要求。因此必须普及和巩固九年义务教育，大力发展农村职业教育，解放和发展农村生产力。传授和普及科学知识，培育新型农民，不断增强广大农民自主发展的能力。

（2）提高农民的劳动技能。在建设新农村的过程中，要积极引导农民群众摒弃封闭保守心理，树立开放创新观念，大力实施"知识发展战略"，着重提高农民群众的思想道德和科学文化素质，提高农民群众获取、吸收、交流各种知识和信息的能力。广泛开展各种形式的农业实用技术培训、职业技能培训、劳动力转移培训，为农村"可持续发展"、为农民增收提供直接动力。培养和造就新型农民，应加强农民的技能培训，创新农村职业教育，培养新型骨干农民。近年来，我国实施了"绿色证书工程"和"跨世纪青年农民科技培训工程"。据农业部统计，这两项工程已累计培训农民达 2000 多万人次。新型农民逐渐成为农业生产的主力军，他们带动了广大农民科学种田和经营管理水平，促进了农业综合生产能力的提高；培养新农村建设带头人，"百万中专生计划"已经启动实施；科技下乡，为农民带来了健康文明的生产生活方式。

（3）加强农民教育，提高农民素质。新中国成立前夕，毛泽东同志发表《论人民民主专政》一文，第一次提出了"严重的问题是教育农民"的著名论断。江泽民同志指出，"农业、农村、农民问题，是关系我国改革开放和社会主义现代化建设全局的重大问题。"这深刻地反映出教育农民的重要性。加强农民教育，坚持不定期地对农民进行培训、组织农民学习党的农村政策、法律法规、实用技术和文化知识等，利用广播、电视、报纸墙报等多种形式，增强农民的法制观念、民主意识、环保意识、奉献精神和科学文化水平，造就一大批有理想、有道德、有文化、有纪律的"四有"新型农民。

（4）树立农民的生态环保意识。建设新农村的总体要求是"生产发展、生活宽裕、乡风文明、村容整洁、管理民主"，已经对新时期农村生产生活方式赋予了全新的内涵。随着社会发展和环境变化，传统农业正在向现代农业转变。运用生态原理，探索农业生产种植模式，提高土地产出水平和经济效益；利用循环再生原理，实施精准农业，推广生物防治技术，发展旱作节水农业，实施种子工程，这都是转变传统农业发展模式，确立新的农村经济发展方式的基础。

三、建设生态新农村的措施

（1）政府投入。国家基本建设投资的重点应切实转到农村，通过调整财政支出结构和基本建设投资结构，增加对新农村建设的投入，使新农村建设能够按预定目标顺利推进。由于生态环境建设多数项目在短期内没有直接的利润产出，因此，市场无法予以有效调控。同时环境净化、生态建设的对象多系公共资源，对该类资源的浪费具有无竞争性与非排他性。因此，国家必须通过法制手段对有关环境方面的诸多问题予以有效的约束，为生态农业之发展提供有利的社会外部氛围及其内部软环境整合。

（2）社会支持。党政机关、社会团体等各界对农村的帮扶，特别要发挥龙头企业的作用。龙头企业是与农村经济发展密切联系在一起的，要加强引导龙头企业把原料生产加工基地建设与参与新农村建设紧密结合起来，积极引导社会资金投向农村建设，支持龙头企业带动农户发展产业化经营，鼓励企业和社会团体兴办农村公共设施和社会事业，继续营造全社会关心、支持、参与农村基础设施建设的浓厚氛围。

（3）规范市场。在新农村建设中，要积极引入市场机制，凡是市场能解决的，都应该由市场来解决。特别是在农村生产、流通、消费等领域，如农村产业结构的调整，农民生产什么、生产多少，要以市场为导向；农业经营规模、农村经济组织发展，也要遵循经济规律；在征地、土地使用权出让等方面要按照价值规律的要求逐步进行改革；在农村基础设施建设等领域，要积极引入股份制、合作制等市场运作办法，鼓励和调动社会各种力量参与新农村建设，使新农村建设充满生机和活力。

（4）优化生态。改善农村的生态条件，加强林地、草场、水资源等的保护，实现自然资源的可持续利用，特别要通过循环经济的方式减少化肥、农药等化学品的投入，尽量利用有机肥和生物技术，确保农业健康发展，着力提高农产品质量安全水平。目前，不少地区的农村种植业和养殖业结合较好、发展较快，有的已经探索出了一套符合循环经济要求的生产模式，不仅可以降低成本，还可以提高农产品质量，提高知名度和品牌效应，优化生态要从改善人居环境出发，把治理污染作为一件大事来抓。有些地方经济发展虽然较快，但污染问题加重，对农民群众的身体健康产生了不利影响，由此引发了一些群体性事件，成为突出的问题和矛盾。生态农业以保护和改善生态环境为基础，以传统农业技术精华和现代科技成果运用为条件，以无害化、高效化产出为目标，因此，生产绿色农产品是其重要的目标之一。要充分发挥区域特色资源丰富、环境无污染的优势，加大绿色农业基地建设力度，科学选择优势品种，规模开发重点产业基地，实施无害化种植，积极申报认证绿色、有机农产品品牌，大力发展绿色农业。

农业丰则基础强，农民富则国家盛，农村稳则社会安。基于这样的认识和判断，党的十六届五中全会做出了建设社会主义新农村的重要战略部署。这是时代发展的必然要求，是我国现代化进程中的重大历史任务。

一个符合生态经济要求的社会系统必然是可持续发展的，如果缺乏市场机制的正确导向，就会造成产业的不协调发展，引发社会不稳定的因素。因此，在社会主义市场经济建设中推行生态经济发展模式，应该克服传统的粗放式经营生产过程对环境和资源的损害，促进市场经济的健康持续发展，实现生态环境与经济发展的双赢。因此，要建立和完善生态经济的市场体系，通过人力资本和金融资本的共同投入，不断提高资源利用效率和产品质量，优化资源配置，满足日益增多的市场需求，实现生态资源的可持续发展。

利用市场机制推进生态产业及相关技术的开发，大力发展减耗、减污、节能的高新技术产业，创建新型的生态城市和生态工业园区。建立和完善考核制度，建立环境安全管理制度和自然资源利用评估制度。建立生态经济国际合作制度，加强和国际生态经济部门的合作，引进国外先进的技术，利用外资发展环保型产业。推动相关部门对技术标准、环境法律规范的系统研究。另外，还应该建立现代企业制度，成立民间绿色组织和公众媒体的舆论监督制度。

（5）形成生态文明意识，培养绿色消费观念。尽管我国目前已经初步形成了生态文明意识的教育体系，公民的环境意识也正在逐步提高，但与世界发达国家相比还存在一定的差距。因此，需要加强生态科学知识的教育和普及，提高公民的生态意识水平，注重政府、企业和公众的沟通，建立健全政务信息公开制度与听证制度。同时，要改变教育方式，制定科学合理的生态文明教育评价体系，由"要我做"向"我要做"转变，真正实现全社会生态认识的提高。

发展生态经济，还需要转变传统的消费模式和消费理念，提倡人与自然相协调的绿色消费。绿色消费是一种节制的，以崇尚自然和生态保护为特征的新型消费方式，包括在消费过程选择有利于公众健康的绿色产品，对废弃物品进行合理的处置，引导消费者注重环保和节能，培养可持续消费的观念。绿色消费观念能够优化生态结构，建立起与生态文明相适应的消费观念和消费模式。

提升科技水平为生态经济发展作支持，考虑到我国仍是发展中国家的现实状况，目前的科技水平和生态环境的总体状况仍有许多问题亟须解决，这就决定了我国必须走节约资源、适度消费的现代化发展模式，大力发展生态科技。一方面，要针对我国科技不发达的现状，按照科学技术是第一生产力的理论，进行科学研发。另一方面，要围绕人与自然协调发展的核心要求，抛弃技术成果应用的功利性，进行基础性科研，使现代科技更好地为我国生态经济建设服务。目前，我国正处在高速发展的过程中，生产方式、价值观等都在发生不断的调整和变化。这种可塑性为我国发展生态经济提供了一个难得的机会，充分地把握这一机遇，发展生态经济，为更好地建设社会主义和谐社会提供了必要条件。

第八章 中国县域生态经济发展路径分析

第一节 发展生态经济，建立县域经济核心产业

一、发展县域经济必须遵循生态经济规律

从当前县级政府的资源配置能力来看，要解决过去粗放型发展带来的资金、环境等制约瓶颈的能力相当有限。因而，如何找到一条科技含量高、经济效益好、资源利用好、环境污染少、人力资源得到充分发挥的发展之路，是县域经济发展中需要解决的首要问题。大力发展生态经济，建立县域可持续发展的循环经济，建设资源节约型社会，就显得尤为重要。因此，走以有效利用资源和保护环境为基础的循环经济之路是县域经济发展的必然选择，也是全面建设小康社会的客观要求。

（1）主动适应县域生态经济发展的要求，调整县域经济布局。县域经济布局可划分为自然生态保护区、生态恢复区、生态农业区、生态工业园区和城乡居民区等五类功能区，并以此为基础结合不同区域的自然与资源条件，进行合理的资源配置和产业布局。自然生态保护区以保护为主，适度发展旅游业，现有污染企业逐步搬迁或关停；生态恢复区要结合治理水土流失和生态恢复建设，发展经济林、经济草，发展规模（圈养）养殖业；生态农业区要因地制宜发展适宜的高效优质特色农业，形成规模产业的营销网络，实现种、养、加为一体的废物循环利用模式；生态工业园区采取先进清洁生产工艺技术提高资源能源转化率，在对工业废物实现高效利用的同时，将剩余废物提供给外系统作为原料或能源使用；城乡居民区以创建优良、舒适的居住环境为主，可发展餐饮业、服务业或无污染的加工业、地方特色的手工业。

（2）建立县域生态经济发展结构的四个层次。

① 构建县域工业循环层次。按照清洁生产与工业生态化要求，使县域内工业企业达到资源低耗，废弃物低排放或零排放。要尽力建立生态工业园区，形成关联度彼此衔接的产业链，使上游企业的废料成为下游企业的原料，实现县域内资源的有效利用。

② 构建县域农业循环层次。在农村大力推行生态农业，努力实施发展绿色产品战略。广泛建立农业科技园区和种、加、销一体化的集约农业区、立体农业区、农村工业区，使种、养、加、服务以及旅游等产业形成"资源—生产—消费—二次资源"的良性循环，形成生态链和生态农业圈。

③ 构建县域城乡服务业领域和城乡居民消费领域微观层面上的小循环。大力推行节约资源、保护环境、讲究卫生，倡导文明消费、文明服务；重视循环利用生活垃圾，将消费领域废弃物转为再生资源。

④ 构建县域经济发展宏观层面上的大循环。政府从政策、规划、舆论等方面进行引导，从县域宏观经济整体发展上，将工业、农业、服务业以及生活消费领域连接成为一个大循环圈，大力发展资源循环利用产业，实行可持续性生产与消费。

（3）推行县域生态经济集约发展模式。对于县域产业主要是发展"园区经济"，避免分散发展和重复建设，使资源聚集、资源共享，降低生产成本与交易成本等；在县域专业化分工与协作上，实行产业集群；不断延伸产业链、产品链，形成"链式经济"，并不断壮大产业规模，形成经济规模。这种经济集约发展模式不仅效益显著，而且产业、产品间呈链式关联状态，可大大降低能耗物耗，提高废弃物回收利用率即资源转化率，减少污染。

（4）运用制度创新，推进县域生态经济发展。进行以市场机制为核心的制度创新，把降耗、降污以及废弃物回收再利用同收益紧密挂钩。建立县域循环经济的法律、政策体系；综合运用财税、金融、投资、价格等调节手段，完善水、能源、矿产等资源价格形成机制；建立县域循环经济评价指标体系与科学考核机制等。

（5）在全民中大力开展循环经济理念的宣传教育。倡导全社会树立清洁生产、绿色生产与文明消费的观念及行为方式。按照发展循环经济的要求在全县引导各行各业开展节能、节水、节约资源与废弃物回收再利用，促使废旧资源加速转化为再生资源。

二、县域生态经济是解决县域经济发展瓶颈的关键

农业、林业、工业和旅游业是县域经济发展的主要产业，也是人类对生态环境影响最大的产业部门，所以在生态建设和经济发展过程中，生态农业、生态林业及生态工业和生态旅游业的构建，是发展和振兴县域经济的重要内容。只有发展生态经济产业，才能从根本上解决县域经济发展的瓶颈。

县域经济发展必须构建生态产业群。建立生态产业，以技术为依托，以市场为导向，以资源为基础，以实现生态经济价值最大化为目标，建立循环经济发展模式，如图 8-1 所示。

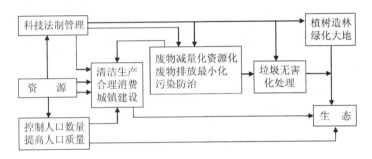

图 8-1 循环经济与可持续发展

第二节 加快发展县域生态经济，收获县域社会综合效益

一、加快县域生态经济建设

（1）县域生态经济建设的客观需要。发展县域生态经济是适应产业形势发展的战略选择。新世纪公认的具体目标和行动准则就是可持续发展，许多国家特别是欠发达国家都在研究"绿色产业"和"可持续发展"。21 世纪的经济是整合于知识经济的"绿色经济"，我国虽然加入了世贸组织，但如何取得"绿色通行证"，还是一个现实而严峻的问题。截至目前，国际上已制定了 150 多个环境与资源的保护条约，各国自己制定的环保法规也越来越多。改革开放以来，我国经济快速发展，人民生活水平不断提高，人们对生态产品越来越关注和喜欢。县域应对竞争的最好办法就是打绿色品牌，走特色之路，发挥比较优

势，生产绿色食品和无公害食品，确立生态效益型经济的主导地位，才能接轨国际国内市场。生态效益型经济的本质与科学发展观的要求是一致的。生态效益型经济的根本特征是可持续发展，包括生态可持续、经济可持续和社会可持续三个方面。欠发达县要快速越过工业文明时期进入生态文明时期，就必须避免走"先污染、后治理"的老路，防止以牺牲生态环境和资源为代价实现粗放型、掠夺型的经济增长，否则就会遭到大自然的惩罚，失去赖以生存的基本条件。因此，欠发达县必须以史为鉴，以一些发达地区失败的做法为鉴，寻找一条可持续发展之路，以生态建设促进经济发展，实现经济发展与生态建设的良性循环，即大力发展生态效益型经济，真正从行动上落实好科学发展观。

发展生态效益型经济是改变县域落后现状的迫切需要，改革开放以来，欠发达县与发达地区一样，都取得了历史性的发展，但是必须看到，当前欠发达县落后的现状不容乐观，与发达地区的差距不是在缩小，而是在扩大。要改变落后现状，必须从根本上寻找适合欠发达县的经济模式。而欠发达县的自身条件决定了只能大力发展生态效益型经济，发展其他经济模式则没有先决条件或优势。因为，欠发达县域一般都地处山区，比较偏僻，区位、信息、资金、人才等各方面都是劣势，搞工业比不上平原地区和发达地区，搞商贸也不行。另一方面，欠发达县生态环境一般都良好，青山绿水，处于发展的初始阶段，有资源优势、生态优势、后发优势，发展生态效益型经济能少走一些老路、弯路，有跨越式发展的先决条件。

正确发展生态效益型经济，必须树立全新的发展观，既要注重经济的高速增长——经济 GDP，更要注重社会的可持续发展——绿色 GDP，以及人的自身健康和全面发展——人文 GDP，实现三个 GDP 的协调增长。在三个 GDP中，经济 GDP 是基础，人文 GDP 是经济 GDP 增长的保证，绿色 GDP 是经济的核心竞争力和可持续发展力。要树立协调发展的观念，引导全社会进一步摒弃"重增长、轻发展"的思维模式，不仅要关注经济指标，而且要关注人文指标、资源和环境指标；不仅要增加促进经济增长的投入，而且要增加促进人与社会发展的投入，增加保护资源与环境的投入。坚持走生产发展、生活富裕、生态良好的文明发展道路，使生产发展为提高人民生活水平服务，为改善人们的生态环境服务，促进人与自然的和谐。通过制度建设来保证人的素质提高，形成比较完善的国民教育体系、科技和文化创新体系、全民健身和医用卫生体系。要营造协调发展的良好环境，加快政府职能转变，切实把政府职能转到全方位为人民提供公共产品和公共服务上来，打造以民为本的新型服务政府；完善考核体系，将绿色 GDP 指标体系引入干部政绩评价和考核体系中来；健全监督体系，依靠法律监督、社会监督、群众监督，促进人与自然、社会的协调发展。

（2）发展县域生态效益型经济，保护生态环境是前提，拓展生态农业是基础，发展生态工业是重点，培育生态旅游是方向。

（3）生态旅游是生态效益型经济发展新的增长点。

（4）创建生态城镇是支撑。生态城镇对生态效益型经济具有支撑作用。把欠发达县定位于具有生态经济特色的山水型城市，注重把生态思想渗透到城市规划建设之中，做好城市建设总体规划，以及小区及街景规划，力求地方特色，使之成为发达城市的卫星城和后花园。城镇建设要精品化。加强城市绿化美化，加快市政基础设施建设，按照"宁缺毋滥"的原则建设精品项目，创建小而美的生态城镇。城镇管理要规范化。积极创建文明县城和卫生县城，加大对卫生、交通、治安、市容市貌的整治力度，加强规范化管理，提高城镇品位。农村整治要清洁化。重点抓工农业和生活污水、垃圾、粪便的生态化处理、资源化利用，通过生态公益村建设、清水河道建设、饮用水源保护和引水工程等，不断改善农村生态环境。

（5）外部环境支持是动力。

二、收获县域生态效益经济

（一）生态效益经济的内涵

生态经济是指以生态环境系统良性循环为基本约束条件的社会再生产活动，效益经济是指以经济效益总量较大化为基本目标的社会再生产活动。

生态效益经济是在以生态环境系统良性循环约束条件下的追求经济效益总量较大化的社会再生产活动，是一种讲求社会生产力发展速度和总量的社会再生产活动。人类经济社会发展的长期实践经验表明，经济增长、经济效益、生态环境三者之间具有互相依存、互相矛盾、互相影响、互相作用的关系。在忽视经济效益和生态环境而过度追求经济增长时期，尽管当期的经济增长速度相当快，但后期的经济发展却受到了经济效益差而增长后劲乏力和生态环境被严重破坏而增长环境恶化的巨大报复，使得经济发展停滞不前或萎缩。在既重视经济增长，又注重经济效益和生态效益的时期，不仅当期的经济快速发展，而且后期的经济增长也能保持着良好的增长势头。经济增长、经济效益和生态环境是生态效益经济概念内涵中不可或缺的主要内容，这三者之间的相互协调和有机统一构成了生态效益经济的有机整体。

生态效益经济是一种以绿色产业为重要支柱的社会再生产活动。世界各国的绿色产业革命呈现出 5 大趋势：

（1）工业产品已向绿色制造进展。

（2）农业经济已向绿色农业变革。

（3）科技发展向绿色科技变革。

（4）人类消费已向绿色商品转变。

（5）国际贸易已向绿色经济倾斜。

这 5 个方面的绿色产业呈持续的加速发展势头，必将成为当前乃至今后经济发展的重要支柱。

（二）收获生态效益经济的途径

生态问题根源于不合理的经济增长方式和不科学的经济发展模式。在保护环境中求发展才是解决当前生态问题的治本之策，而循环经济是破解环境保护与经济增长矛盾的战略选择，是落实科学发展观、转变经济增长方式的根本途径。

第三节　由阶段性渗透到普遍性发展生态经济

一、要制定生态经济发展战略规划

对县域范围做出生态功能区划，划定生态发展区域、绿色开发区域、生态保护区域和生态旅游区域。党的十六大报告明确了建党 100 周年的发展目标是小康社会；党的十七大报告明确了建国 100 周年的发展目标是中等发达国家水平。县域的发展战略规划应明确何时达到发达地区平均发展水平，何时达到发达地区的人均水平。当然，实现这样的目标要付出艰辛和努力。战略规划要统筹兼顾县域经济发展一盘棋的思想。

二、要制定生态经济建设的实施步骤

（1）启动阶段。全面启动生态建设，努力转变经济增长方式，调整优化经济结构，进一步提高经济增长质量，使生态效益型产业成为新的经济增长点。有计划地推进环境保护和生态建设重点工程，有效遏制局部地区存在的生态环境恶化趋势，改善生态环境质量。进一步抓好生态示范区和可持续发展实验区，全面展开生态市、县创建活动。加快产业结构、区域结构和城乡结构的调整步伐，努力推进生态农业基地建设、工业园区生态化改造和生态旅游业发展。

（2）推动阶段。生态建设和环境保护力度加大，生态环境质量进一步改善，生态公益林建设和清水河道建设稳步推进。

（3）普及阶段。人居环境逐步改善，科技教育加快发展。建设生态城镇，创建绿色社区和"千村示范、万村整治"工程。

（4）增长阶段。生态建设全面推进。推进新型工业化和调整优化经济结构进一步取得成效，生态经济形成一定规模；工业企业基本实现清洁生产，建成一批环境保护和生态建设重点工程，扭转局部地区存在的生态环境恶化趋势；生态环境质量总体水平普遍增长。社会福利和公益设施基本完善，人民生活水平明显提高。

（5）提高阶段。生态建设水平进一步提高。生态建设的主要任务和目标基本实现，初步形成符合可持续发展要求的经济结构、生态环境系统和社会管理体系，基本实现从"高消耗、高污染、低效益"向"低消耗、低污染、高效益"的转变。

三、生态建设中存在的实际困难

对生态县域创建的认识有待深化。生态建设的经济效益体现在生态建设的持续性得不到保证。另外，个别领导认为干得好还不如干得巧，埋头苦干，GDP 得不到体现还不如不干；创建生态县域经济的基础较为薄弱，制约因素较多。资源短缺，环境承载力不高，人口增加，对环境压力进一步加大，沙尘暴、洪涝、干旱等自然灾害常对生态系统造成较大的侵扰，产生巨大的经济损失。环境保护和生态建设的业绩未纳入乡镇政府领导干部政绩考核；生态环境质量恶化趋势尚未得到遏制。

第四节　确立县域生态经济发展的战略方案

（1）立足生态，发展经济，全面建设，综合开发。实现资源开发与资源培植相结合，生态建设与经济发展相结合，要根据我国的国情，发展生态林业，发展水电等清洁能源，发展生态农业和有机食品工业，以及生态建筑及材料产业、生态旅游业和环境保护产业等。这些产业的发展不仅将有力地推动我国生态经济的发展，提升我国经济竞争力，而且还有利于扩大就业，而充分就业又是人口、经济、生态相协调平衡的重要内容，是生态经济的本质要求。应在尽量减少破坏生态环境的前提下高标准、高起点、大力度地加强基础设施建设，建设绿色通道，发展生态交通，为生态经济发展提供支撑。

（2）确立发展生态经济的科学战略。特色立县、工业强县、项目兴县、旅游活县是符合县域发展实际需求的，也是县域经济科学发展的现实路径。学习实践科学发展观，把县域经济发展提升到一个新阶段，理解"金山银山"与"绿水青山"的关系。在发展的路径选择上，坚持金山银山要从绿水青山中来，坚持"在保护中开发，在开发中保护"的方针，不以牺牲环境为代价，以不损害群众利益为前提，把经济建设与环境保护有机结合起来。在具体的工作实践中，坚持"以人为本"，着眼于人与自然、人与社会和谐相处，摒弃"先污染，后治理""先粗放，后集约"的发展模式，不追求经济规模上的无根增长、无情增长和无未来的增长，而是立足于自然资源，把经济增长建立在资源可持续利用和减少环境污染的良性发展上，大力推进经济增长方式由粗放型向集约型转变，由单纯数量型向规模质量型转变，实现经济、社会、生态三个效益的有机统一。

（3）确立保护环境和资源的生态产业发展之路。合理地改造自然，从而创造物质财富，这是一个包括人类自身生产、精神生产和物质生产以及生态系统的再生产的全面综合的生产观。生态经济消费观反对过度消费，提倡绿色消费观。这种消费观要求人们走出人与自然对立状态下的消费误区，因为大自然无法毫无节制地满足人们无限的欲望，人们应当在人与自然和谐发展的理性原则下去规范消费行为。生态经济发展观强调要实现从经济增长的发展观到经济与社会相协调的发展观，再到经济、社会、自然相协调的可持续发展观的重要转变。中国是一个发展中大国，人口与资源的矛盾十分突出。走什么样的发展道路不仅关系到子孙万代的前途命运，而且对全球的发展都将产生重大影响。在反对发达国家无节制的消耗资源的同时，我国已经确定实施可持续发展战略。大力发展生态经济，无疑是其中的关键选择。

第五节 低成本发展县域生态经济的路径

一、生态建设是县域经济发展的切入点

（1）县域生态公共产品的提供。从县域发展的实际出发，从全国生产力的布局、配置所要解决的问题出发，从经济全球化的大环境出发，最迫切的产品需求仍然是拥有全国公共市场的生态公共产品。可以说，县域的真正价值在于"生态屏障"，它不仅对我国是不可或缺的，甚至具有世界意义。比如，黄河流域的"绿色屏障"是西部的植被，这些生态植物保护黄河流域免于风沙和水土流失的威胁，而这些生态公共产品，只有西部才能提供，具有真正意义上的地区优势。

早在 20 世纪 80 年代初期，就有专家提出，西部经济发展提供的产品应该是生态公共产品。在社会主义市场经济的体系中，提供生态公共产品是县域经济发展的战略重点。

（2）县域经济必须走可持续发展道路。在新农村建设的战略部署中，我国总结吸取了历史上和国内外的经验教训，建立了综合发展战略，其中可持续发展战略是新农村建设的关键战略之一。新的发展思路是以人为本，从以往的单纯追求经济增长转向追求人类发展。可持续发展是可持续经济、可持续生态和可持续社会三方面的协调统一，它要求人类在发展中改变传统的"高投入、高消耗、高污染"为特征的生产方式和消费方式，保护和改善地球生存环境，保证以可持续的方式使用自然资源、降低环境成本，本质是提高人类的生活质量，推动社会的进步。在可持续发展中，经济可持续是基础，生态可持续是条件，社会可持续才是目的，当今县域经济的发展就是要向这样的目标迈进。

二、绿色生态经济系统的形成是县域经济发展的根本点

（1）建立生态农业经济系统。建设县域农业生态经济必须注入先进的科学技术，使传统的农业发生脱胎换骨的变化。推广农业科技要注意研究各地的生态状况、经济条件和耕作习惯，采用不同的耕作方法、施肥技术、灌溉技术，使农田生态系统的水分、养分等物质保持动态平衡。现代农业科技一方面，向培育高产、优质、低成本、好品种的方向发展；另一方面，向提高经营管理水平的方向发展。值得重视的是，对西部农业新资源的开发和投入要以生态环境的保护为前提，以市场需求为导向。农业生态经济发展的重点应放在那些原有的资源开发上，进行合理的利用和挖潜，通过引进人才、技术、信息及调整结构，提高农业生产率、农产品品质率和商品率，使生态环境好转、经济效益良好，真正走上农业生态经济型的开发模式。经过十多年的努力，全国已基本形成了国家、省、试点县三级生态农业管理和推广体系，初步建立起生态农业的理论体系，颁布了全国生态农业建设技术规范，生态农业建设逐步走上了制度化、规范化的轨道。随着生态农业建设的深入开展，生态农业建设范围日益扩大，全国开展生态农业建设的县、乡、村已达到 2000 多个，遍布全国 30 个省、市、自治区，生态农业建设面积 1 亿多亩，占全国耕地面积 7% 左右。生态农业建设取得了显著的经济、生态、社会效益，受到国内外的高度评价，已有 7 个生态农业示范点被联合国环境规划署授予"全球 500 佳"称号。根据对 35 个国家级生态农业示范县的不完全统计，通过近 5 年的建设，粮食总产年均增长 8.42%，总产值年均增长 7.9% 以上，农民人均纯收入年均增长 18.4%。同时农业生态环境明显改善，森林覆盖率普遍提高，草坡得到保护，水土流失得到初步控制。与 1990 年相比，示范县水土流失面积减少了 49%，土壤沙化面积减少了 21%，提高了农业抗灾能力和持续发展的后劲，环境效益十分显著。在生态农业示范县建设中，涌现出一批成功的典型，例如：延安市宝塔区原来是"三年二旱，十种九难收"，经过十几年的生态农业建设，目前，61% 的水土流失面积得到治理，林草覆盖率达到 50%，人均有 2 亩基本农田，人均纯收入比 1990 年增长了 2.2 倍，全区已有 254 个村达到小康，并涌现出 168 个生态百强村，人均纯收入 3000 元以上。

（2）建立生态工业经济系统。县域工业生态经济系统是改变工业布局错位的有效途径。纠正工业发展中"重发展，轻环保"的错误观念，吸取发达国家和东部地区曾经出现过的先污染后治理的教训，在注意保护生态环境和节约资

源的前提下，调整工业产品结构，发展有县域特色的轻工业，如天然保健食品、绿色食品和中成药等；大力发展能走在市场前列的高新技术产业，这是生态工业发展的亮点和希望。因为这样的产业技术起点高，市场前景好，环保技术强，又节约资源。解决县域大多数人的发展和致富问题，仍然需要发展劳动密集型产业，但是必须是以生态环境保护和资源开发的有效利用为前提。加快对老工业基地的技术改造和技术创新，使其重新恢复生机，使工业生产和环境保护紧密结合起来。

（3）建立生态旅游经济系统。中国地大物博，生态旅游资源十分丰富，自然生态旅游资源、保护生态旅游资源和人文生态旅游资源三者皆备。

生态旅游是区域经济发展新的增长点，是以改善该区域生态环境为目的的经济活动方式。生态旅游经济具有优化县域生态经济系统的优势。建立生态旅游保护区，合理规划旅游开发方案，通过生态旅游经济效率评价，确保生态旅游经济发展。把传统和新兴旅游定位在生态旅游系统是生态旅游经济步入健康发展轨道的最佳模式。

第六节　多路径发展县域生态经济

一、扩大投资

经济增长的第一或持续的推动力是投资。这已为英国的哈罗德和美国的多马不约而同地推导出的哈罗德—多马模型所证明。资本是经济增长的核心要素，资本积累是经济增长的根本推动力。罗森斯坦、罗丹提出的大推进理论也指出了大规模投资对发展经济的推动作用。县域经济的最大劣势是资本匮乏，使得自然资源和劳动等生产要素无法结合成现实生产力。因此，县域生态经济要快速发展，首先必须着力解决好资本的来源问题，进而做大投资。解决资本来源的途径有两种：一种是通过内部积累的方式获得资本，另一种是通过外部引进的方式获得资本。前一种是小农经济思维支配下获得资本的方式，资本获得的规模小、速度慢；后一种则是市场经济思想指导下获得资本的方式，只要能够创造出适宜的条件，资本就会受利益的引导，源源不断地流向这里，将自然资源和劳动力转化成现实生产力。"珠三角"

"长三角"以及其他发达地区县域经济发展的历程，已证明了这种方式的有效性。县域生态经济起步阶段只要符合节约集约利用土地资源、安全生产标准和环境要求，不论规模大小，不论哪种形式的所有制，也不论是二、三产业，都要允许和鼓励投资发展。

二、培育优化产业结构

区域经济发展水平取决于区域产业结构水平和产业结构的合理性、高度化，因而，产业结构的优化就成为一定区域经济发展的重要核心问题。县域生态经济是区域生态经济的细胞，推动县域生态经济产业结构优化不仅是县域经济发展的关键，也是促进更大区域范围产业生态结构优化和生态经济发展的基础。因此，如何实现县域生态产业结构的优化是县域经济发展的根本问题，也是推动较大区域生态经济发展的关键因素之一。

（1）要打破县域内生态产业结构综合平衡观念，立足更大区域内的协调和发展。坚持有所为，有所不为，围绕优势生态产业发展的关联度，确立生态产业结构优化的基本取向。要在充分实现县域资源优势的基础上，科学筛选县域主导产业群，制定县域产业（产品）发展序列，重新构造县域产业结构的转换机制，实现产业生态结构的有序更替与升级。

（2）要加快生态农业结构调整，确立主导产业。选择好优势特色较为明显的生态农业主导产业，充分利用县域资源优势。要破除产业分立和行业分割，实现产业集聚和融合。旧体制下的区域分割状况成为产业升级的障碍，既不能适应产业发展的要求，又不利于县域经济的协调发展。要通过科技进步、产业链延伸等方式促进企业融合，强强互补，共同发展，形成自然、环境、生态的有机统一。

三、积极发展产业集群

产业集群是产业发展演化过程中的一种地缘现象，是指在某种产业领域内相互联系的、在地理位置上集中的企业和机构的集合体。19 世纪末，英国经济学家马歇尔在其经典著作《经济学原理》中，把"产业集群"定义为产业区，并指出集聚的外部经济效应。产业集群产生了集聚扩张效应、规模经济效应、模仿学习效应、产业拉动效应，近 20 年来对区域经济发展贡献日益突出，是发展县域经济的有力抓手。产业集群主要有 5 种形成路径，即依托专业市场、特色产业、龙头企业、专业化园区和区域品牌。在这 5 个方面，政府都可以充分发挥市场机制的作用，依据产业集群内在的运行规律和形成路径，根据本地的实际情况，切实加强产业集群发展规划，致力于完善各项基础设施，营造良好的发展环境，着力引导产业集聚，推动产业集群的快速形成和发展壮大。

四、推进农业现代化

美国著名经济学家、诺贝尔经济学奖获得者舒尔茨指出，发展中国家只有现代化的农业才能对经济增长做出重大贡献。发展现代农业是工业化达到一定阶段的必然产物，这是经济社会发展的需要。中央农村工作会议指出，"建设现代农业"将成为今后农村工作的重中之重。现代农业运用现代资本、物质技术要素来改造传统农业，以先进的生产手段装备农业，以社会化的服务体系支持农业，以新的经营理念管理农业，最终使农业由过去主要是依靠传统要素支撑增长转向现代要素，推动农业增长方式的转变。现代农业发展的标志是科学化、集约化、市场化、社会化和生态化。当前，首先要提高土地生产效率，生产出量大质优健康的农产品，保障工业化和城市化所需要的粮食以及食品安全；其次是提高资源利用效率和可持续发展能力，为社会提供多功能产品；第三是实现农业的优质化和高效生产，保证农民增加收入。

五、完善市场竞争环境

环境出生产力，环境出竞争力。我国入世后，县域经济已直接面对"国际竞争国内化，国内市场国际化"的新形势，区域间争夺资源、市场、效益的竞争更加激烈。如何在竞争中把握机遇，通过自身发展立于不败之地，经济发展环境的优劣成为关键因素。只有着力按照市场经济的要求，创新服务思路，拓宽服务领域，创造宽松的宏观社会环境、平等竞争的体制环境、加快发展的政策环境和高效快捷的服务环境，才能形成"磁场效应"，赢得发展主动权，实现经济跨越式发展。优化环境要通过积极创建"服务型"政府，切实从"管理企业、管理百姓"向"服务企业、服务民众"转变，最大限度地实现行政提速、审批畅通和办事高效；在服务领域上，要从适应企业和民众的实际需求出发，由单一地搞审批办手续向搞好产业指导、信息咨询和市场体系的健全完善等方面拓展；要不断地健全政府部门行政效能评估监督制度，从源头治理，从机制入手，坚决清除一切不利于环境发展的障碍。

六、培育县域生态文化

文化在现代化社会发展中具有举足轻重的作用,生态经济的建立和发展都离不开企业文化的哺育。生态管理要求把生态发展和保护体现在县域经济管理之中,并成为县域经济管理的指导思想。县域生态环保观念,通过生态产业系统培育,使县域充分认识到节约资源、保护环境的重要性。采取改进设计、改善管理、使用清洁的能源和原料、采用先进的工艺技术与设备等措施,从源头削减污染,提高资源利用效率,减少或者避免生产、服务和产品使用过程中污染物的产生和排放,以减轻或者消除对人类健康和环境的危害。

七、发展绿色城镇,加快城镇化进程

佩鲁把城镇看作是区域发展的增长极,他指出,"由于城市的带动作用增加了地区差别效应。地理上集中的综合产业极(城市)改变了它直接的地理环境,而且如果它足够强大,还会改变它所在国民经济的全部结构。城市的发展,带来生产要素和主导产业的集聚。城市化不只是解决农村劳动力的转移,同时也是建设和强化增长极的重要途径。"在现代经济中,城市是市场中心,是人流、物流、信息流和资金流的集散地,城市的中心地位越突出,对市场和企业的向心力越强大。加快城镇化进程,充分发挥城镇对区域经济优化整合和集聚辐射的功能,可以为吸引投资、扩大就业、启动消费、繁荣经济和提高人民生活水平创造有利的载体条件,为推动城乡经济社会快速发展提供强大的动力。实践证明,发展县域经济特别是农村经济,必须推进城市化,发展县域生态经济也要加快城镇化进程。

第七节　绿色城镇化

一、绿色城镇化的现实意义

"城镇化"是中国学者创造的一个新词汇,城镇化是一个历史范畴,也是一个发展中的概念。城镇化可以理解为农村人口不断地向城镇转移,第二、三产业不断地向城镇聚集,使城镇数量和规模扩大的历史进程。城镇化作为一种社会历史现象，既是物质文明进步的体现，也是精神文明前进的动力。城镇化作为一种历史过程，不仅是一个城镇数量与规模扩大的过程，同时也是一种城镇结构和功能转变的过程。

城镇化历史过程包括如下几方面的内容：

（1）城镇化是农村人口和劳动力向城镇转移的过程。

（2）城镇化是第二、三产业向城镇聚集发展的过程。

（3）城镇化是地域性质和景观转化的过程。

（4）城镇化是包括城市文明、城市意识在内的城市生活方式的扩散和传播过程。

（5）城镇化具有完善的商业服务业网络和较强的商业整体竞争力。

概括起来表现为两个方面：一方面，表现在人的地理位置的转移和职业的改变以及由此引起的生产方式与生活方式的演变；另一方面，则表现为城镇人口和城市数量的增加、城镇规模的扩大以及城镇经济社会、现代化和集约化程度的提高。

二、绿色城镇化的科学内涵

（1）绿色城镇化就是在党的十七大报告"生态文明"和"和谐"理论的指导下，坚持绿色经济发展规划、指标体系和行动计划，建立完善的绿色经济体系，构建绿色发展模式。

（2）绿色城镇的内涵是实现经济、生态、社会的和谐发展。即以"最大限度减少对物质资源的消耗、对环境的污染和对生态的破坏"为要求，优化产业布局、促进产业结构向合理化、特色化、生态化调整，形成一批观念度较高、辐射力较强、相互协同的绿色产业集群，大力发展循环经济，实现从粗放型经济为主导的产业体系向复合型、特色型和节约型经济为主导的高效型经济转变，逐步构建以绿色工业、绿色农业、绿色旅游业和绿色服务业为主体的协调发展的绿色产业体系，将城镇建设成为优势突出、产业集群性好、规模化的发展绿色经济强区。

（3）绿色城镇化的核心是实现区域生态经济发展和城乡可持续发展。坚持全面协调可持续发展的原则，实现资源的最大化利用和循环利用，确保经济、社会和环境全面协调可持续发展；坚持以人为本的原则，做到发展为了人民、发展依靠人民、发展成果由人民共享；坚持城乡统筹的原则，合理确定主导产业，推动产业结构优化升级，促进区域优化协调发展；坚持"发展为要，环境优先"的原则，认真落实节约资源和保护环境的基本国策，大力发展循环经济，加大节能环保投入，减少资源消耗，降低废物排放，增强可持续发展能力，建设资源节约型、环境友好型社会；坚持长远规划、分期推进、突出重点、分步实施的原则，优先抓好重点示范工程、重点产业和重点区域，带动区域城镇发展和生态环境的改善，促进城市绿色生态系统趋向高速运转和动态平衡。

（4）绿色城镇化的任务是达到低碳交通、低碳消费、低碳生活和能源生产、传输和利用效率的提高，以创建环境优美乡镇为载体，结合社会主义新农村建设和农村小康环保行动，努力改善城镇生态环境质量，推进城乡环境综合治理，加强农村生态村、生态家园建设，全面推进小城镇污水管网和处理设施、生活垃圾收集、转运设置的建设和管理，选择沼气净化池、氧化沟（塘）、人工湿地等技术模式，建设污水处理设施。加强城镇环境绿化，推进绿色社区建设和全国环境优美乡镇建设。以建设现代化新型农村为导向，充分发挥农村当地资源优势，推进各具特色的优美村庄建设。推行"生态农业＋乡村旅游"模式的休闲旅游生态村建设，推行"特色农产品＋加工＋农村休闲观光旅游"模式的特色产业生态村建设，有力地促进产业发展，优化产业配置，集约节约用地，改善和提高农村居住环境，完善农村基础设施公共服务，打造有特色、有品位、有带动效益的绿色型优美村庄。促进城镇化与区域经济的发展水平相适应，与区域的人口资源环境条件相协调；继续发挥市场在推进城镇化进程中的基础性作用，加强各级政府对城乡空间的规划管理，要把资源节约和环境保护放在城镇化发展的重要战略地位，突出节地、节能、节水、节材，促进城镇的可持续发展。把生态城镇化作为重要取向，建设生态文明。大力发展生态经济，建立以低碳排放为特征的产业体系。着力优化生态环境，把生态文明理念融入城镇建设中，努力打造"半城水景满城林"的森林城市。积极培育生态文化，将生态文明的理念渗透到生产、生活各个层面，培养低碳文明的生活方式。

今后5年，中国城镇化率将突破50％，每年将有上千万人口从农村转移到城镇。这样大规模的人口迁移，不只是工作地点、交通手段、居住方式的转变，也是生活方式、消费模式、城市发展理念的转变。因此，必须引导城镇化遵循重规划、省资源、宜居住、便出行、以人为本、实现城镇有序发展等发展新理念。转变城镇发展方式和开发模式，解决城镇与农村争夺土地、争夺环境资源的矛盾，走节约循环型、集约化的城镇化发展道路。

三、商业服务业的发展，推进了城镇化发展进程

农村是一个大市场，农村的发展关系到全国经济的发展。实施城镇化战略，促进城乡共同进步，是国家"十五"计划纲要提出的调整社会经济结构的一项战略性任务，这对调整商业结构、推进农村城镇化提出了重要的新课题。

在城镇化建设中，商业服务业得到了长足的发展，同时也刺激了城镇居民的消费。发展绿色城镇是推动我国商业服务业长足发展的有效途径。1980年的商业服务业是201.9亿元，2008年是29725.2亿元。通过数学模式计算得出结论：城镇化比率每提高1%，人均社会消费品零售额相应提高9.05%，城镇化进程与商业服务业发展存在明显的正相关关系。

要致力于新型工业化、新型城镇化、新农村建设的整体推进，以产业和人口集聚为重点，以民生和生态改善为目标，以空间和要素保障为支撑，以体制和机制创新为动力，以文化和文明建设为灵魂，努力建设乐业安居的创业型生态新区。把人口城镇化作为重要任务，加快集聚人气。着力建设生态型新城，把工作重心从框架性建设转移到功能性建设，做好便民、利民、安民、乐民、育民文章。着力推进梯度式转移，推动"离乡又离土"的农民向新城区转移，加快"离土不离乡"的农民向中心镇、重点集镇、中心村转移，引导"兼业"农民适度向集镇转移。着力完善激励性政策，实现"留住当地人、扩大园区人、增加读书人、吸引区外人、接纳乡村人"的目标。

在居民的消费支出构成中，2007年，我国城镇居民和农村居民分别为74.4%和25.6%，城镇居民和农村居民的消费比重比1998年分别提高和下降了11.3个百分点。2007年，我国城镇居民购买的消费品零售总额为70355亿元（市和县合计），比1998年增长了2.9倍，而农村居民为18855亿元（县以下），仅增长2.1倍，城镇居民和农村居民占全部社会消费品零售总额的比重分别上升和下降了5.5个百分点。我国目前有近8亿农民居住在农村，按人口计算的人均消费品购买量则更低。加快城镇化建设，将带来消费需求的成倍增加。商业服务业是实现居民消费需求的必要条件，随着城镇化建设的推进，商业服务业将会得到迅速发展。一方面，农民收入低；另一方面，农民的需求受到限制。因此，加速城镇化，既可以提高农民收入，又可以增加农民的需求，内需扩大将是必然的结果。中国居民购买力将在城镇化过程中逐步提高。内需的扩大、市场的扩大和对生产企业的刺激是相互促进的。结果，城镇居民对各种消费品的需求不仅总量在增长，而且结构也在变化。为了供应更多的消费

品，企业生产也在相应发展。这样，对进口品的需求也就扩大了。其中，既包括直接供应居民的进口消费品，也包括供应生产资料的各种生产资料。

更为重要的是，在城镇化过程中，由于内需的扩大，中国的经济发展方式也会摆脱过去长时期内所形成的出口依赖型经济模式或投资依赖型经济模式，而转变为良性循环的内需为主的经济模式。

四、城乡居民消费比较

（1）城乡居民消费结构。

① 城乡居民消费结构整体差距。目前，我国城镇居民与农村居民由于各自所处的消费环境、收入水平、消费观念及消费偏好不同，因而在消费结构上存在显著的差异。

② 城乡居民消费质量差距。农村居民目前偏向于满足吃、住等基本生存条件的消费，而城镇居民则偏向于衣着、精神文化等高质量生活的消费。

③ 我国农村居民平均消费水平、消费倾向以及消费环境等普遍低于城镇居民，城乡居民的消费结构亦呈明显的二元状态，城乡居民消费水平差距巨大并呈进一步扩大的趋势，在加快城镇化建设中，农村居民消费水平潜力会被挖掘。

④ 受地区经济发展不平衡因素的影响，我国地区之间居民消费水平差距显著。

（2）建立绿色城镇是打破二元消费的重要手段。我国的城乡二元经济结构决定了城乡居民的二元消费结构特征。目前，我国农村居民的收入和消费水平要滞后于城镇居民10～15年。城乡居民收入和消费的巨大差距，说明扩大农村消费的潜力巨大。而要将这种潜力转化为现实的消费需求，则难度很大。因为在短期内农村居民的收入和消费水平都不可能赶上城镇居民，甚至城乡居民收入的差距还在继续扩大，加之农村市场体系不健全、消费环境较差、消费观念陈旧等因素，在短期内要将扩大内需的重点放在农村，可谓是"远水不解近渴"。我国城乡居民消费的巨大差距，只能通过建立促进农村居民消费增长的长效机制，通过党和政府及社会各界的大力扶持，去逐步缩小这种差距，而不可能彻底消除这种差距。要通过一系列优惠政策，逐步将农村市场和农村居民的潜在需求转化为现实的有效需求。要拓宽农民的增收渠道，增加农民收入，提高农民的购买能力；要适应农村市场的需求特点，调整产品供应结构；要加快农村基础设施建设，改善农村居民消费环境；要加快建立完善农村社会保障制度，消除农村居民扩大消费的后顾之忧。从宏观上和长远的发展来看，要加快城镇化建设的步伐。目前应该是我国工业化、城镇化加快发展的时期，要以此为支撑，使其成为扩大农村消费和农民致富的引擎，使得大多数农村居民不仅能实现"城市梦"，还能实现"住房梦"和"创业梦"。这也是从根本上缩小城乡居民消费差距的举措，这样才能够在居民消费方面获得大的改善和飞跃。但目前我国城镇化进程并没有随着工业化进程的发展而同步推进，而是滞后于工业化的发展，这一过程不可能在短期内实现，只能创造条件循序渐进。

（3）借鉴国外城镇化发展的成功经验，如由政府引导的日本城镇化、以中小城镇为主的德国城镇化、突出特色和功能以及发挥市场作用的美国城镇化、依靠"新村运动"推动的韩国城镇化，等等。

（4）完善城镇化绿色功能。由于小城镇近20年的发展基本上是数量的扩张而人口规模严重不足，所以发展小城镇的重点不在于增加数量，要以省会城市和大型港口城市为中心，在产业和流通上构成网络，形成一个经济联系较为紧密的城市群（圈）或城市带。这样，既可以改变中小城市长期处于分散的局面，又可以促进中小城市梯度成长。同时，发展包括县级城关镇在内的中心镇商业核心区，加快农村城市化和农村人口非农化的先导和示范工程。

（5）建立以人为中心的城镇化商业发展模式。在中国目前的城市发展过程中，大城市的成长速度最快，而大城市的成长速度会使商业需求越来越大。过去几十年来，中国城市的发展是以产业为中心，以工厂为中心，以企业为中心。现在，中国城市发展的思路已经开始发生了转变，转变为以人为中心。所以大家可以看到，在现在的城市里，很少有到工厂上班的，大家都要到办公室里上班，到公司去上班，到商场去上班，到酒店去上班，城市发展的思路变成了以大力提升服务业，以城市的第三产业发展为核心，以人为中心的城市发展模式，所以，从产业选择上，从主观指导思想上，应该推动城镇功能整体上的升级，特别是商业和服务业发展。城镇商业服务业整体的升级也为地方政府带来持续的就业和良性的需求，城镇的综合体代表了一种商业发展的模式。

（6）绿色城镇化可以完善城市综合体。从客观规律上来讲，城市综合体代表着一种土地使用功能的综合利用，而土地功能的综合利用可以说是现代城市持续繁荣和发展的一个重要经验。欧洲在旧城复兴的时候，采取的一个重要的指导思想就是城市土地的综合利用，即在一个城市里，把居住、办公、商业、休闲、旅游等功能混合在一起，打造人流、资金流、信息流，满足现代人生活节奏快，以及对办公、休闲、旅游、生活、文化等短时间内出现的巨大需求。

从近百年来世界各个国家城市发展的主体思想看，城市土地功能的混合利用是城市中心繁荣发展的一条重要经验。而我们过去延续的苏联的城市规划理念，将城市分割成单独的居住区、单独的文化区、单独的商业区，反而造就了城市交通的阻碍和金融的停滞，不符合现代社会快速、高效、丰富的生活要求。

当前，我国的环境保护和生态建设已经进入一个新的发展阶段，良好的生态环境日益成为一种稀缺资源，也成为十分短缺的经济要素，同时也成为欠发达地区具有竞争力和吸引力的最大优势。政府部门要进一步加强区域合作，建立和完善生态补偿机制，推广碳交易模式和"占补平衡"的土地指标交易模式。推动绿色消费走向市场。政府应当在降低交易成本方面发挥关键作用，如制定生态环境服务核算技术标准，提供交易协商平台，提供交易协商的法律与技术咨询服务以及建立环境仲裁机制等。政府部门也要健全完善促进生态经济、推动县域实施生态管理的法律法规。

第九章　县域生态经济发展政策分析

第一节　县域经济发展的普遍性政策

（1）引进项目，简化审批程序。县域经济发展中要引进重大项目。重大项目对县域经济发展具有举足轻重的支撑和促进作用，县级引进重大项目十分不易，相关职能部门应该给予更多的支持，一些重大项目只要符合市场经济发展规律，符合产业导向，就应该简化审批程序，简政放权，允许其发展，把重点放在把握资格准入、产业导向和加强监管、提供服务上。

（2）简化县域财政分配制度。当前，地方财力相对比较困难，与经济社会跨越发展的要求很不适应，必须从体制的角度入手，实行更趋合理的财政分配政策。国家税制改革后，中央和省级加大了对地方财政收入的集中及调控力度，尽管县级财政近年来逐年大幅增长，但经过层层分解和调控后，可用财力所剩无几，同时却要承担基础教育、社会保障、社会治安、新农村建设等多项事物。因此，现在应由中央、省、市、县、乡五级财政体制简化到中央、省、市和县三级财政体制，在财政预决算、转移支付、专项资金补助、资金调度、债务管理等方面，减少中间环节，实行省县直接对接。建议出口退税部分全部用于县域经济社会的发展，进一步让利于基层。按照责权统一原则，建立合理的利益分配机制和分配导向机制，调动基层当家理财的积极性。

（3）出台社会主义新农村建设的新政策。新农村建设是新形势下加强"三农"工作、推进全面小康社会建设的重要战略举措，也是当前发展县域经济的最有效的抓手。中央提出工业反哺农业、城市支持农村的方针，但这一方针的实现途径是什么，如何使工业、城市等各方面的力量为新农村建设提供资金保障，尚不明确。比如，广大中小企业如何在新农村建设中承担应有的社会责任，中央在县域的金融、烟草、税务等行业如何支持新农村建设，如何整合各种社会力量，探索建立新农村建设的慈善基金、扶贫基金和公益基金，县级在新农村建设中整理出的土地上生产的收入，如何返还给农民，提高他们的分配收入，都应该出台明确的政策，对进一步加快县级的开放和发展提供政策支持。

改革开放以来，国家通过设立经济特区、保税区、开放口岸、经济开发区等多种积极措施，推动了地方的开发开放，有力地促进了经济社会的发展。但是国家目前对独立设置的一类开放口岸是从紧控制的，建议相关部门在审批过程中不能仅以申请地的行政级别作为准入门槛，应该充分考虑申报地区开放发展的要求及其区位交通优势、发展优势前景，从而助推县域经济健康发展。

（4）对县域金融体制的建议。近年来，国有商业银行不断地上收县级信贷管理权限，使县一级信贷机制不断萎缩，县级信贷额度十分有限，中小企业贷款困难。再比如：邮政储蓄，不仅为农村和县域提供不了信贷支持，反而每年从县域和农村吸走大量的储蓄存款。因此，发展县域经济必须改革创新县域金融体制，拿出更多的信贷额度支持县域的经济发展，县域金融机构和邮储在当地吸收的存款，应在合理的存贷比例之内，主要用于支持当地的中小企业、县域经济和新农村建设。

（5）统筹城乡发展，转变城乡二元经济结构的局面。

① 加快城镇化步伐，提升城镇功能，以县城和县中心镇为重点，发挥本地优势，集中人财物力，使其成为县域经济发展的增长点和支撑点。通过城市支援农村、工业反哺农业的政策，把城乡之间存在的问题及其因果关系作为一个整体来统一规划，统筹解决。统一体制，统筹发展，在促进城乡经济一体化的基础上转变城乡二元结构。

② 消除制度的差别。要消除城乡差别，纠正城乡失衡，不仅要清除不合理的制度，解决制度不公和失当的问题，也要进行制度创新，解决制度无力和失效问题。只有公正而有效的制度才能为城乡协调发展提供根本性的保障。从目前来看，最首要的任务就是必须消除城乡之间在居住、就业、社保、教育、医疗、税收、财政和金融等方面不公平和二元化的政策和制度，实现政策的统一和制度的公平。

③ 建立城乡统一的社会保障制度。推行城乡一体化的社会保障制度，加快建立农村最低生活保障制度；创造条件逐步实现城乡税制统一，农民与城市居民一样只依法缴纳个人所得税，不再负担其他任何税费；实施城镇建设税费

改革，条件具备时对不动产开征统一规范的物业税，相应地取消有关收费；改革农地征用制度，完善征地程序，严格界定公益性和经营性建设用地，及时给予农民合理的补偿；推进财政管理体制改革，建立和健全公共财政体制，实现城乡公共财政投入的公平分配。

第二节　县域生态经济发展的扶持性政策

（1）扶持生态县、生态村及生态项目。国家要加强宏观调控和政策引导，促进县域生态经济发展，树立科学的发展观和正确的政绩观，弘扬保护青山绿水、加强生态建设也是政绩的理念，不单纯追求经济增长速度，不以高能耗和高污染排放为代价发展"富县财政"的工业，加快建设人与自然和谐的县域经济。对生态县、生态村和生态项目进行政策支持，鼓励各地因地制宜地探索科学发展生态经济之路，用政策引导发展方向，把改变经济发展的思路放在更加突出的位置，切实推动各方面工作转入科学发展、和谐发展的轨道上来。

（2）建立健全生态功能区建设的保障机制。我国许多地区自然生态环境脆弱，保护和修复自然生态，是县域发展的长期性、全局性、战略性任务，事关我国生态安全。许多地区通过实施各类生态保护工程，取得了初步成效，但基础并不巩固，长效机制还没有建立起来。实际工作中，面临像资源县一样的困难，即长期看发展生态经济是件好事，但短期内地方财政减收太多，基本支出难以为继，这对地区生态建设和保护环境长期持久地"青山绿水"是一个严峻的挑战。因此，抓紧研究落实限制开发和禁止开发等生态功能区的财政政策，加快建立资源开发与生态补偿机制，既可增强这些地区积极实施国家战略的主动性和自觉性，又可确保这些地区人民能够分享国家改革发展的成果。

（3）落实特色优势资源开发的扶持政策。充分发挥能源及矿产资源、旅游资源、生物资源、农业资源优势，对增加当地就业、财政收入和城乡居民收入的特色优势产业项目，国家和政府应该给予优惠、扶持、宣传及鼓励政策。国家有关部门可以借鉴在资源县等地区开展全国生态示范区建设试点的做法，在综合条件较好的地区，统筹规划若干特色优势产业发展基地，研究实施"有保有压"的政策措施，分类指导和扶持这些特色产业基地加快发展，尽快培育当地的造血机能，提高自我发展能力。

（4）加快推进生态地区基本公共服务均等化。由于受地理区位、经济基础、社会文化等各方面因素的影响，明显缩小东西部地区发展差距将是一个长期的艰巨任务。但是，按照构建社会主义和谐社会的要求，加快缩小东西部地区在人均享有基本公共服务方面的差距，则是各级政府必须也有可能努力做好的事情。西部许多地区的情况与资源县相似，交通水利等公共产品供给不足，教育卫生文化和社会保障等公共服务缺乏，已成为影响这些地区落实科学发展观、实现又好又快发展的主要制约因素。要加快完善公共财政体制，加大国家对老少边穷地区改善基本公共服务的扶持力度，提高这些地区稳定脱贫致富的后劲。

第三节 县域生态经济发展的目标性政策

一、发展县域生态经济需要的财政支持

（1）生态产业有政策导向的支持。生态经济结构的调整和优化是县域经济适应经济环境变化、增强自身活力的客观要求，财政在支持经济结构调整上，要充分发挥政策导向作用，改变直接投资方式，应用财政贴息、担保、税收优惠等手段促进有潜力的产业、项目、企业上规模，上档次，促使有限的资源要素配置达到最佳状态。

① 加快发展特色农业。大力发展优质无公害蔬菜、水果、中药材、花卉等特色产品生产，优化农业生产结构，加大新品种、新技术的引进和推广力度，重点培育一批深加工型和冷藏冷冻型、销售运输型骨干龙头企业，发展具有地方特色和民族特点的农产品加工体系。延伸产业链条，提高农业附加值。

② 建立健全农产品市场体系。因地制宜，大力发展农产品交易市场和专业批发市场，完善各项配套服务功能，规范交易秩序，并搞好产销信息网络体系建设。同时，大力发展各种形式的产销合作组织、民间营销组织和农民经纪人。不断壮大流通队伍，努力搞活农产品流通。

③ 加快工业化进程。努力实现以城带乡、城乡互补，按照比较优势原则，调整与城市工业的分工关系，加强特色工业建设，围绕国内产业重组、东部资本西移、产业梯度转移和西部大开发的机遇，为县域争取更多的工业新项目和

大项目。坚持以市场为导向，加快调整产品结构，实施品牌战略，着力构筑工业强县的产业格局，充分发挥工业经济在以城带乡、以工促农中的支撑和骨干作用。同时要坚持项目带动，推动外向型经济发展。

④ 大力发展民营经济。进一步优化发展环境，认真落实中央各项政策，鼓励和支持当地能人投资办实业，积极创造条件，促进民营企业上规模、上水平，运用财政导向功能，建立财政融资机制，积极筹措资金，促进非公经济和第三产业的健康发展。

（2）赋予县级政府相应的财权，其核心内容是各级政府事权与财权的合理划分，当前，县级政府有一级事权，相对而言无一级相应的财权。一方面，县级政府事权不断扩大；另一方面，作为县级主要财政收入的农业特产税和农业税正逐步取消，使县级政府对经济的调控能力更加减弱。因此，要改变现有的分税制体制，合理划分税种，扩大地方税收管理权限和税收自主权，使财权与事权基本上对应。增强县域自主发展能力，规范转移支付制度，加大对落后地区的转移支付力度。为提高落后地区的公共服务水平，使其接近或达到全国平均水平，中央财政应当进一步加快建立适合市场经济客观要求的规范的财政转移支付制度，最好从立法上根本解决这一问题。

① 兼顾可持续发展因素。

② 专项转移支付项目上要加大对落后地区特别是生态地区在基础设施、生态环境、农业、教育等方面的资金倾斜。如继续延长对三西扶贫项目的支持，同时适当降低专项资金的地方配套比例。

③ 把特殊性转移支付的支持重点转向落后地区，改善县域的生态环境和基础设施状况，带动经济的发展。

（3）加快县域公共财政建设步伐，促进生态经济社会协调发展。按照公共财政的基本原则对县级政府的行政行为、收支行为和支出范围进行规范，要根据生态预算编制、预算审批、预算执行相分离的行政原则，在科学编制和预算改革的基础上，强化人大对预算的监督，加强预算审批和执行过程中的制度建设。

① 建立必要的预算绩效评价体系、信息反馈体系和制度监督机制，形成运转协调、公正透明、廉洁高效的政府预算管理体制，把预算管理纳入法制化轨道。

② 在规范和完善分税制体制的基础上，通过转移支付制度来保障中西部地区和少数民族地区的公共支出，减免贫困家庭、贫困地区和少数民族地区儿

童的学杂费，逐步建立农村低保及合作医疗保障制度，满足不同经济发展水平县域的不同需求，从而形成与我国县域实际相适应的农村公共财政框架体系，促进地区之间经济、社会的均衡发展。

③ 在优化经济结构的同时，优化收支结构，强化财政效能，使财政收支的基础由数量型向质量型转变，使财政收支目的由重视数量结果向重视收支方式和对经济发展的影响转变。

在做大经济蛋糕的基础上，做大财政蛋糕，实现财政与经济的可持续发展，在完善财政职能和支持经济发展的基础上实现县级财政由吃饭型财政向公共财政的根本性转变。

④ 推进配套改革措施，为县域生态经济的发展创造良好的环境。加快农村管理体制的改革和创新步伐，积极推进城乡社会管理一体化；改革户籍制度，完善配套政策措施，建立城乡统一的以身份管理为核心，以职业划分为标准的人口流动制度，促进农村人口和生产要素向城镇聚集；以调整农村教育布局，加快农村合作医疗体系建设和精简乡镇机构为重点，完善农村税费改革，减轻农民负担；改革土地管理制度，建立和完善征收、征用农村土地的补偿机制，制定和建立农村土地合理流转制度，扩大土地规模经营效益；逐步建立多层次的农村社会保障体系，完善农村的社会援助体系，并逐步推行养老、医疗、失业等社会性保险，努力缩小城乡社会保障水平的差距，最终建立城乡一体化的社会保障体系。

二、发展县域生态经济的金融支持

金融作为经济发展的第一推动力，在支持和推进县域经济的发展过程中具有不可替代的作用。针对短期贷款利率进行适度调整，从而有针对性地解决县域中小企业资金短缺的问题。为此，宏观调控政策必将体现出金融政策结构性的调整。

（1）金融新产品和制度创新破解县域发展困境。在县域生态经济中，生态发展周期长，发展生态产业需要金融信贷的支持，经济与金融互为支持，才能保证经济发展与金融业的可持续发展。破解县域经济滞后和金融压抑的双重困境。

要加快县域金融制度创新，拓展融资渠道，加快面向中小企业服务的地方中小金融机构以及金融中介机构的组建进程，条件成熟的，可以积极组建地方城市商业银行等新型机构；加快农村信用社改革，尽快地完成农村合作银行的组建工作，以更好地支持县域信贷服务功能。加快生态建设的步伐；进一步完善信贷管理机制，适当放宽授权授信条件，扩大县支行的自主经营权，增强对县域项目的信贷支持力度;加快组建邮政储蓄银行步伐,彻底切断邮政储蓄资金的基础货币强制性回笼渠道和农村资金通过邮政储蓄的外流渠道。使农村自有金融资源良性循环起来。

(2) 加快县域金融品种创新,改善金融服务。

① 改进和完善县域金融服务体系。拓展农业发展银行的政策性功能,在确保政策性农副产品收购的同时,增强对农村生态项目的综合开发、农田水利基本建设、农业绿色新产品加工企业的资金投入。

② 由政府、农村企业、农户等共同出资建立农业担保基金,切实解决农户和农村发展生态产品的小企业担保难的实际情况。

③ 尽快发展农业保险。可以考虑由地方政府、农业大企业、社区集体经济组织、农民个人共同出资设立农业保险机构。探索将农村财产险、寿险和农业生产的政策性保险合并经营,用财产险和寿险的盈余,适当补贴生产保险的不足,实现险种的搭配互补。

(3) 要多方配合联动,共同为县域发展创造良好的金融生态环境。

① 大力实施信用工程,着力打造信用政府、信用企业和信用城市,增强全社会信用意识,为金融支持营造一个坚固的信用环境。

② 党政部门、政法部门要积极支持金融机构维护金融债权,协调司法部门加大行政执法力度,强化对违约失信的查处力度,为金融业发展创造良好的法律环境。

③ 建立政、银、企沟通协调机制,搭建银企合作平台,促进经济金融协调对接。

④ 建立有效的扶持机制,促进县域金融业加快发展。鉴于目前县域自然条件和经济环境相对较差,建议适当减免县域金融机构部分税费,减轻其负担。

第四节　县域生态建设的对策建议和保障措施

一、县域生态政策支持建议

(1) 转变县域经济发展的传统观念。改革开放 30 多年来,我国现有生产能力得到了大大的提高,在解决了温饱问题时,也面临着县域生态环境不断恶化和农业市场化进程的加快，现有的县域经济结构体系、生产保障体系、制度和技术创新体系、产权制度等各方面都已经不适应急速变动的整体经济发展和市场经济体制的演进。一方面，社会在享受着现有经济发展带来的巨大成果；另一方面，现代化的农业机械、化学肥料、农药、塑料薄膜等的使用造成土地质量下降和对环境的破坏。虽然我国农业每年增长 100% 多倍，而每年投入到土地的农药、化肥、农用塑料薄膜也超过 100%，与国外相比，我国农业物资的投入明显地高于其他国家。农副渔业残留物也无法全部利用，也会造成污染。

传统农业地区通常都是一个具有丰富农业资源、生物资源和劳动力资源的地区，在相当长的一个时期，特别是在农业作为经济主导产业的传统农业社会，这些地区都曾经具有相当重要的社会、经济、历史地位。但在现代工业兴起之后，特别是在市场经济的演进日益加速的时期，这些地区的经济发展出现了相对滞后。根据市场需求，发挥自身独特的资源多样化优势，加快发展农业中除粮棉之外的新的优势产业和优势产品，以扩大农产品对区外市场的占有份额，形成传统农业地区独特的农业资源在与区外市场交换中的良性经济循环流程。因此，在确立主导产业和结构调整之时，必须认真考虑如何才能既发挥传统农业资源的优势又要开掘出新的资源利用方式，创造新的比较优势。既要不断改善县域生态条件和县域生产环境，又要保护和利用好县域资源，大力繁荣县域经济，促进县域社会生态经济的全面发展。

（2）确立生态理念，落实领导责任。高度重视生态保护与经济发展问题，把保护生态环境作为实现经济又好又快发展的战略举措，把经济发展作为保护生态环境的重要基础与保障，做到在保护中发展，在发展中保护。按照科学发展的要求，坚持两手抓，始终把生态经济建设摆上突出的位置，并形成坚强有力的领导体制与机制。县政府实行专人负责、专人落实，成立生态建设、节能减排、环境污染整治等工作领导小组，层层落实工作目标责任制，逐级签订责任状，形成"党委政府领导、人大、政协监督、环保监管、部门协调联动、全社会参与"的环保工作机制。切实加强财政等各方面的保障，建立健全各种考核奖惩制度，并将考核结果作为衡量干部政绩的重要依据。

（3）治理环境，力促节能减排。建设资源节约和环境友好型社会就是要贯彻和落实科学发展观，发展循环经济，走新型工业化道路，坚持"资源开发与节约并重、把节约放在首位"的方针，开展以节能、节水、节材、节地为重点的节约工作；采取对生态环境无害、有利于可持续发展的生产方式、生活消费方式，开展减排工作，减少环境污染物的排放，最终实现人与人、人与社会以及人与自然的和谐相处。因此，节能与减排构成了建设资源节约型、环境友好型社会的核心内容。

（4）建设经济园区，集约优化发展。通过县域经济园区建设集约资源，利于污染物的集中处理优化环境，形成循环经济，推进生态经济发展。着力推进产业集群集聚发展，建设环保工业园，建设规模产业生产线，用最新的投入获得最大的经济利益。环保工业园既搭建了设计、研发、检测、培训等公共服务平台，又有效地解决了生产企业油污和噪声分散污染等问题。按照"布局集中、企业集群、产业集聚"的要求，突出抓好经济开发区、规模产业基地和乡镇工业功能区建设，推动特色产业集聚发展。

（5）推进清洁生产，发展循环经济。提高企业对资源及能源节约、环境保护问题的重视，鼓励企业节约资源，推动资源替代技术、综合利用及再利用技术的发展，加强生物工程技术研发；加大环保投入、清洁生产投入以及再生资源利用的研发投入。推动清洁生产，发展循环经济有利于加快形成节约能源资源和保护生态环境的产业结构、增长方式和消费模式，有利于建设资源节约型、环境友好型社会，有利于促进人与自然的和谐，是贯彻落实科学发展观，构建社会主义和谐社会，实现可持续发展的必然选择。化纤行业必须从战略的高度去认识、用全局的视野去把握发展循环经济的重要性和紧迫性；必须用认真求实的态度去分析各行业的实际情况和存在的主要难题；必须用科学、理性的视角去寻求国内外先进的节能减排、清洁生产等循环经济的技术、工艺、装备工程等，以此来切实推动行业清洁生产、循环经济的发展，最大限度地减少资源消耗和废物排放，从根本上消解长期以来环境约束与行业发展之间的尖锐冲突，实现健康、持续、稳定发展。

（6）夯实基础工作，开展文明创建活动。坚持从全民抓起、从基层抓起，调动全社会力量参与生态建设，营造生态建设的良好氛围。把与生态建设密切相关的各类创建活动作为工作的有效载体，扎实地开展园林城市、卫生县城、文明县城、生态示范县等创建活动，在创建中实现互促共进。通过开展生态创建理念更新，在全社会大力弘扬健康文明的生态文化，牢固地树立生态文明理念。加快培育中心镇，推动要素资源向中心镇配置、人口向中心镇集聚，增强中心镇承载的集聚功能。加快建设农村新社区，优化村庄总体布局，建设一批新型农村社区，说文明话，办文明事，做文明人，满腔热情地投入到文明城区创建的热潮中来，让文明的风尚和文明的气氛洋溢在街道上、社区中，渗透到每一个单位、每一户家庭中，以良好的形象、文明的言行、主人翁的姿态创建示范文明城区。加快城乡环保基础设施建设，着力完善城市和农村环境基础设施。

二、县域生态产业扶持对策

（1）完善制度建设，形成长效机制。以制度建设为抓手，逐步形成生态经济发展的长效机制。通过考核驱动机制，推进生态经济建设。把生态县创建工作列入年度综合目标管理考核的重点内容，考核结果与评比先进、使用干部和奖金发放挂钩。建立多元投入机制，探索建立生态环境补偿机制，支持欠发达地区项目建设和生态保护。建立健全监督参与机制，完善信息公开制度，拓宽公众参与渠道，通过听证会、论证会或社会公示等形式，听取公众意见，接受舆论监督。

（2）以教育引领观念转变，增强发展生态经济的使命感。建设生态经济是落实科学发展观的必然要求，是推进经济转型升级的重要突破口，是经济社会发展新的增长点，是建设小康社会的重要任务。应该通过切实有力的教育、培训工作，进一步增强广大干部建设生态经济的责任感和使命感，特别是提高领导干部和企业家的生态责任意识；通过面向基层的宣传教育，提高广大群众参与生态经济的积极性、主动性和创造性，形成全社会关注、关心生态经济建设的浓厚氛围；通过建设生态文化，培育公民生态意识；通过广泛开展群众性生态文明创建活动，倡导勤俭节约、绿色消费、低碳消费的理念，推行健康文明的生活方式。

（3）以统筹协调城乡发展，打造生态经济建设平台。城市是"城"和"市"的有机结合体，新型城市是人流、物流、资金流、信息流的聚集中心，是推动生态经济发展的重要载体。应该把加快城市化进程作为推进生态经济发展的重要突破口，大力推进新型城市化建设，努力促进生态经济发展。加快建设宜居宜创业的新型城市，注重外延拓展、内涵提升，舒展城镇空间，优化产业布局，提升公共服务，有效拉动内需，带动生态经济发展。加快培育中心镇，推动要素资源向中心镇配置、人口向中心镇集聚，增强中心镇承载集聚功能，使之成为承接城市，辐射、带动农村发展的战略节点，促进城乡生态经济联动发展。加快建设农村新社区，把新农村建设和农房改造、"千百工程"等结合起来，优化村庄总体布局，编制新社区建设规划，建设一批新型农村社区，引导农民向新社区集中，推进城市公共服务设施向农村延伸，全面改善农民生活条件和生态经济发展条件。

（4）以规划明确区域功能，形成生态经济建设一盘棋。做好县域主体功能区划，明确产业导向和经济发展布局，分类推进生态经济建设。一般开发的区域，加快转变发展方式，促进集约型经济增长。重点开发的区域，通过构建现代产业体系、加强生态环境保护，坚持发展与保护并重。生态保护的区域，以提供生态产品为首要任务，增强水土涵养、维持生物多样性等提供生态产品的能力。禁止开发的区域，通过实施强制性保护，切实保证自然文化遗产的原真性、完整性。

（5）以创新推进经济转型，打造产业发展新格局。着力发展生态工业，坚决淘汰落后的生产能力和工艺，推动发展模式从先污染后治理型向生态亲和型转变，增长方式从高消耗、高污染型向资源节约和生态环保型转变，同时大力发展高新技术产业，培育低碳经济、循环经济。着力发展现代服务业，顺应经济社会和消费结构转型升级的发展趋势，大力发展物流、会展、电子商务、金融等现代服务业，依托良好的生态资源和深厚的民族民间文化，用文化、体育嫁接旅游，大力发展生态旅游业。着力发展生态农业，加快农业功能区和现代农业产业园区建设，促进农业产业结构优化；加快农地林地流转，培育一批农业龙头企业；加快由传统农业向高效生态农业转型，提升农业特色产业。着力发展文化创意产业，将其纳入经济社会发展总体规划，作为发展生态经济的重要组成部分，培育一批文化创意园区，扶持一批文化创意产业龙头企业，打造一批具有核心竞争力的文化创意品牌，进一步做大做强具有县域优势的影视制作、动漫、出版印刷和文体产品制造等文化创意产业，推进生态文化产业化。

（6）以科技夯实发展基础，为生态经济提供有力支撑。生态经济建设中要坚持科技是第一生产力，高度重视科技对生态经济的支撑问题。加大对有关生态经济的科学技术的研究力度，大力发展节能减排技术、清洁生产技术、污水处理及垃圾无害化处理技术、节水技术等，推广工业废弃物再利用的工艺和资源节约型工艺；加大科研技术创新成果的转化力度，使科研技术与生态经济紧密结合，构筑生态经济发展的技术支持和保障平台；加大对生态经济科技人才的规划、培养、引进、激励等工作，充分发挥各类人才在生态经济建设上的作用。

（7）以制度规范运行机制，促进生态与经济互赢共进。制定具有较强约束力的地方性法规、政策和制度，规范生态经济发展的运行机制。建立健全考核机制，把生态文明建设的考核纳入领导干部政绩考核评价指标体系，作为考核干部政绩的重要内容。积极探索绿色 GDP 考核体系，在政绩考核中不仅要看经济指标，还要看人文指标、资源和环境指标，改变"重经济建设、轻生态建设"和"重经济发展、轻环境保护"等现象。建立健全激励机制，制定出台有利于生态保护和经济发展的价格、财政、税收、金融、土地等方面的政策体系，使鼓励发展的政策与鼓励环保的政策有机融合，将环保投入作为公共财政支出的重点，建立稳定增长的财政投入机制。建立健全补偿机制，加大财政生态补偿转移支付力度。对饮用水源区、重要生态功能保护区、生态公益林、重点流域与区域等予以补偿支持。积极开展排污权有偿使用和交易工作，引导和补助循环经济、清洁生产等生态产业重点项目。建立健全约束机制，通过资源有偿使用和污染者付费政策，合理提高排污费征收标准，增强企业保护环境、减少污染排放的意识。

三、县域生态产业发展保护措施

（1）保护生态环境是前提。县域要树立强烈的生态环境保护意识，做到环境信息公开，公开政府在环保方面采取的措施，公开企业排污行为，鼓励公众参与环境保护。依靠科技进步，实现环境保护跨越式发展。技术进步应该更加重视资源利用率的提高，做到既有利于缓解资源不足，又有利于环境保护，建立节约型社会。做好企业的环境保护工作，增加政府对环境保护的投入。加大公共财政的投入，使政府在持续发展中起主导作用。

（2）拓展生态农业是基础。生态农业是生态效益型经济体系的基础，实施农业绿色生产，扶强农业绿色企业。

（3）创建农业绿色品牌。

（4）发展生态工业是重点。

（5）培育生态旅游是方向，发展生态旅游是县域转变经济发展方式的有效途径。

（6）创建生态城镇是支撑。

（7）外部环境支持是动力。

（8）强化产业政策的规范和引导。产业政策不仅是促进产业结构调整的有效手段，更是政府规范和引导产业发展的重要依据，对淘汰落后技术、工艺、设备和产品，指导市场准入也有重要作用。循环经济促进法在总则中强调：国家制定产业政策，应当符合发展循环经济的要求。同时在"减量化"一章中规定，国务院循环经济发展综合管理部门会同国务院环境保护等有关主管部门，定期发布鼓励、限制和淘汰的技术、工艺、设备、材料和产品名录。禁止生产、进口、销售列入淘汰名录的设备、材料和产品，禁止使用列入淘汰名录的技术、工艺、设备和材料。

（9）建立合理的激励机制。促进循环经济发展，仅靠行政强制手段是不够的，必须依法建立合理的激励机制，调动各行各业各类主体的积极性，激励他们走循环经济的道路。循环经济促进法专设第五章，对激励措施作了比较具体的规定，主要包括：设立循环经济发展专项资金；对循环经济重大科技攻关项目实行财政支持；对促进循环经济发展的活动给予税收优惠；对有关循环经济项目实行投资倾斜；实行有利于资源节约和合理利用的价格政策等。

（10）90 项法规规章保驾护航。发展县域生态经济实质是建立可持续发展的循环经济。循环经济要求全部生产、流通和消费过程中的减量化、再利用、资源化活动，涉及各行各业和众多领域，因此，循环经济促进法是县域生态经济保护法。目前，国务院及有关部门正在组织制定或修订 26 项有关配套法规，连同已制定正在实施的 64 项，共有 90 项法规、规章和规划为循环经济促进法的实施保驾护航。早在 20 世纪 50 年代到 70 年代，我国就开展了资源综合利用工作。80 年代到 90 年代，积极参与实施了联合国环境规划署推动的清洁生产行动计划，并制定了《国务院批转国家经贸委等部门关于进一步开展资源综合利用意见的通知》等规范性文件。进入 21 世纪以来，循环经济发展工作得到强化。2002 年，全国人大常委会制定清洁生产促进法，对循环经济的重要组成部分——清洁生产作了比较全面的规范。2005 年，国务院发布关于加快发展循环经济的若干意见，为循环经济的发展提供了更加明确的政策依据。

第十章 案例分析

第一节 资源依托型县域生态经济发展分析
——以河北省张家口市尚义县为例

尚义县地处河北省张家口坝上地区，位于内蒙古高原南缘，河北省西部，晋、冀、蒙三省交界处，西部与山西省天镇县和内蒙古兴和、商都县毗邻，东南与本市张北、万全、怀安县接壤。县城距张家口市116公里，距北京市280公里，距石家庄市580公里。全县总面积2632.47平方公里（394.9万亩），14个乡（镇），172个村委会，总户数69461户（2005年底）。耕地面积117万亩，草地面积145万亩（可利用面积104万亩），森林覆盖率达30.4%，全县林草覆盖率达66%，生态环境在河北地区及京津地区属尚好区域。尚义县历史悠久，早在新石器时代，境内已有人类居住、繁衍、生息。1936年改尚义设治局为尚义县。

一、研究背景

（一）自然环境背景

尚义县全境南北狭长，北高南低，东西宽55.2公里，分坝上、坝下两个地貌单元，平均海拔1300米，属大陆性季风气候，年平均气温3.6℃，年降水量330～420毫米，无霜期100～120天。有丰富的野生动、植物资源。其中：草本植物408种，木本植物124种，可入药的达百种。境内矿产丰富，已探明的有金、银、铜、赤铁、铅、石墨、硅、大理石、云母、水晶石、绿宝石、玄武石等40多种。境内旅游资源丰富，1998年，开发了"察汗淖尔草原风情旅游点"。

尚义县是一个以农牧业为主的县份，重点进行了亚麻、杂豆、马铃薯、错季商品蔬菜等方面的产业建设和以优势资源开发为主体的县乡工业建设。建成亚麻生产基地 25 万亩；杂豆产业生产基地 20 万亩。建成 6.5 万亩无污染、无公害蔬菜基地和以河北细毛羊、CH 瘦肉型猪、獭兔为主的畜牧业体系。新上了高档纸、食用胶、亚麻油脂浸取、地毯加工、纯羊毛割圈毛皮、毛皮制品、优质无烟煤、紫色页岩缸瓦等工业项目。

尚义县是京津地区重要的生态屏障，属于京津地区贫困地区。国家实行退耕还林政策以来，投入了大量的资金，退耕还林还草、京津风沙源治理等各类生态农业工程有明显的成效，具有发展生态经济的优势条件。

（二）社会经济发展背景

（1）县域经济总量小，生态效益经济尚未形成，综合竞争力弱。尚义县属于河北省张家口地区的坝上区域，张家口地区的经济发展水平在河北省 136 个县域中排名位于最后一位（根据人均 GDP、GDP 速度、工业比重、三产比重、资产利税率、人均固定资产、铁路货运量、公路货运量、外商直接投资额、人才密度、人均耕地面积、万人拥有病床数、人均财政收入、人均消费品零售额 14 项指标评比，见表 10-1）。坝上地区工业相对落后，对外经济联系也远不如其他地区那样便捷和密切，经济发展水平较低，已成为河北省县域经济发展的"滞后区"。从全省 136 个市县的排名看出，尚义县的综合竞争力是很差的，经济发展水平是比较落后的，排最后一名，社会发展据全省中等水平。全国大部分县市人均 GDP 水平在 2500 元左右，商义县只有 2181 元，低于全国平均水平。

表 10-1　河北省市县社会经济综合竞争力排名（2006 年）

省份	县（市）	综合竞争力		经济发展		社会发展	
		得分	排名	得分	排名	得分	排名
河北	张北县	12.27	109	4.35	131	33.08	82
河北	尚义县	12.24	110	2.84	136	36.51	53
河北	涞水县	11.98	111	5.06	122	30.05	99

（2）具有类型丰富、风情浓郁的旅游资源。尚义县风光独特，这里既有坝上雄浑的草原，又有坝下旖旎的秀色。坝上阔野千里，草肥水美，具有浓郁的蒙古风情，是消夏避暑的理想境地。坝下丘陵，群峰叠翠，松柏葱茏，棍儿沟山原始森林连绵数百里，鸳鸯湖浩淼清澈，大青山峭壁如削，大青湖水秀鱼肥。已初步建成了具有蒙古特色的"察汗淖尔草原度假村"及大青沟"青湖度假村"。现待开发的旅游景点有：五台蒙古营、棍沟山、大青山、大青沟水库、南壕堑水库、明长城、贲贲淖新石器遗址、大王帽沟古墓等。需要引进外资，进一步精心打造察汗淖尔草原度假村、坝上万亩枸杞园、麒麟山公园三个投资在千万元以上的生态旅游景点。

（3）四业并举是县域经济发展的新途径。优化种植业；立足实际，坚持节约型、稳定性、高效性、可持续性的生态农业发展路子，重点发展节水蔬菜，以及种植口蘑、杂粮杂豆等，取得了明显成效，促进了农民增收。2006年，全县农民人均纯收入达2181元，是近年来农民增收幅度最大的一年。仅蔬菜一项，全县农民人均纯收入达到1500元，蔬菜产区农民人均纯收入达到3500元。在蔬菜种植方面，县域走过了一条从盲目开采到节水灌溉的路子。从20世纪90年代开始，尚义县实现小水富民工程，依靠打小石井，小机井发展蔬菜种植。但随着地下水位逐年下降，从去年开始，县域积极稳妥地推广实施节水灌溉，全县以灌溉、滴灌、灌溉为主的节水灌溉面积达到10.05万亩，占全县水浇地面积的62.8％，在水的可持续利用上迈出了一大步（如图10-1和图10-2所示）。

图 10-1　尚义县风力电业和种植业

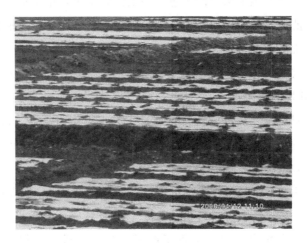

图 10-2　尚义县地膜灌溉

在畜牧业上，加大品种改良力度。通过强化良种繁育体系建设，使传统畜牧业发生了质的变化，发展了规模化养殖，狠抓畜禽产品的转化升值，2006年，全县畜牧业产值达到19119万元，同比增长15.3%。

加大了风能资源的开发力度。尚义县境内风能资源十分丰富，到目前为止，共与10家企业签订了风力开发协议，约定中长期总开发规模为485万千瓦，位于河北省第一（如图10-3所示）。现已探明和发现10大类矿产资源40多个矿种，极具开发潜力。

图 10-3　尚义县风力发电机

（4）基础设施有所改善，经济结构得到调整。村村通公路的工程相继完成，道路交通网四通八达。城镇电网改造工程基本完成，县城供水工程投入运营，四大主导产业初具规模，综合生产能力和抵御自然灾害的能力进一步提高，产业化、市场化经营格局正在形成。通信、金融业保持较快的增长，商贸流通改革取得较大的进步，综合专业市场建设迈出了较大的步伐。

（5）县域推进特色产业的开发，形成以特色产业为主的农村经济新格局。实施优化种植业、壮大畜牧业、快上风电业、开发矿产业等四业并举，振兴县域经济的方针。基本出发点就是依托优良的生态环境、初具产业规模的特色种植业、丰富的风能资源、便捷的交通网络和紧邻京津的区位优势，构建风力发电、节水农业、特色养殖、生态旅游等为支撑的生态经济新格局，全力打造以生态经济为主的县域经济。2006 年，第一产业增加值 31572 万元，第二产业增加值 13700 万元，城镇固定资产投资完成额 38664 万元。引进膜下滴灌节水灌溉技术总投资 480 万元，15 个风力发电场规划装机容量 525 万千瓦，投资总额 442 亿元。2006 年，农民人均纯收入 2181 元。其中：财政收入和农民收入分别是 2002 年的 2.34 倍和 1.92 倍。

（6）县域生态经济成为县域经济的基础。县域经济不仅是中心城区经济的原材料供应基地，也是区域经济的生态屏障。县域经济发展中的资源开发、环境保护、生态建设等影响到整个国民经济的可持续发展。县域经济要以生态农业、生态工业、生态人居和生态文化为支撑，走生态化道路。

第一阶段，"以牧为主，林草牧结合"。

第二阶段，"开放经济，依托优势资源，牧草菜结合"。

第三阶段，"立足资源优势，抓国家产业政策，发展特色经济"。

第四阶段，坚持节约型、稳定型、高效型，走可持续发展的生态发展道路。

二、当前面临的主要生态经济问题

（1）资源优势没有转化成优势产业，尚未形成绿色产业链。尚义县自然资源十分丰富。有丰富的野生动植物，有干草原、山地草甸、灌草丛类、低湿草甸类等。天然草场十分宽阔，人工种草面积逐年增大，畜牧业发展潜力大。以奶牛和小尾寒羊为主的新型畜牧业发展迅猛，经济效益明显。坝上六县两区平均海拔为 1400 米以上，夏季短暂而凉爽，冬季漫长而寒冷，无霜期不足 100 天，昼夜温差较大，有利于农作物养分的积累。没有工业污染，没有"三废"排放，空气清新，有独具特色的比较优势。尚义县应该立足天然的资源优势，在谋求县域经济发展的过程中，从传统产业中培育地方绿色产业，从传统产品中筛选绿色优势品牌，打造独具特色的绿色战略产业和绿色名牌产品，将县域经济的比较优势转化为竞争优势，提升县域经济的竞争力，以更好地促进县域经济发展。发展生态经济，走绿色经济之路，是尚义县域经济新的增长点。

（2）县域经济结构性矛盾突出。县域经济总量小，投资拉动明显不足，特别是缺乏规模大、带动力强的生产项目。

① 工业比重小，没有形成主流工业产品。风电虽然有了一定发展，也取得了一定的成果，但是，作为县域立业之本的工业的比重还是非常低。工业化率与全国水平相比有较大差距。

② 产业效益不高，农民增收困难。农业产业化经营水平低，农业的比较效益低；农村经济发展缓慢，严重困扰着工业化的大发展。县域经济发展遇到了一些阶段性困难，集中表现为经济增长缓慢、中小企业发展困难、农民增收难等。农业内部种植单一，农产品市场化、商品化、深加工程度很低。

③ 依托本地矿产资源而发展起来的重工业，经营粗放，效益低下；第三产业在绿色品种上有了一定的收获，但没形成主打产品，工商企业的核心竞争力弱，民营经济的发展潜力还没有充分挖掘出来。

④ 生态旅游资源开发力度不够，市场建设和制度创新亟待加强。尚义县已有的旅游产品结构单一，开发深度不够；功能布局不合理，产业关联性差；大量的旅游资源处于待开发状态。旅游基础设施、旅游商品、旅游服务等要素关联产业也不配套。

⑤ 小城镇建设与生态产业群设计、生态文化、生态环境建设脱节。目前的小城镇建设仍基本沿袭以往过多关注基本建设的路子，而忽视文化建设、生态建设、产业生态设计、科技生态文化等方面的内容，结果使城镇化建设布局混乱，生态功能弱化。

⑥ 地方财政困难，民间投入少。只有号召，没有引导，自有资金匮乏，地方政府资金不到位，形不成规模，有特色但形不成核心企业。财政收支矛盾突出，公共事业欠账较多，企业改革、体制改革、社会保障任务艰巨，就业形势严峻；对外开发的软环境有待于进一步优化。

三、出路与对策

（1）大力推进经济结构的战略调整。

① 坚持工业立县战略，加快新型工业化进程。本着质量、速度、结构、

效益和可持续发展相统一的原则，充分利用国内外两个市场、两种资源，大力调整和优化工业经济结构，基本形成生态工业经济为主导、生态农业进程加快、绿色服务业全面发展和生态环境显著改善的新型工业化格局。加强能源基地项目和四大产业项目工作。

② 大力发展特色农业，推广生态农业产业化经营。按照生态型、节约型、高效型、稳定型农业的思路，深入开展生态经济振兴活动，加快农业结构调整步伐，努力向特色农业和现代化方向发展。改善农业生产条件；调整农业内部结构；大力发展绿色农业；加快农业产业化步伐。

③ 突出生态特色，大力发展旅游业。以创建坝上生态区为目标，以循环经济发展原则为主导，市场运作，企业经营，社会参与，围绕"科学规划、加大开发、积极引资、加快步伐、提升档次、形成产业"的思路，坚持优势互补、立足资源、有序开发，突出特色产业的开发力度，大力发展生态旅游业。

④ 改造传统服务业，大力发展新型服务业；加强产权制度改革，加快民营经济的发展，引导鼓励扶持科技型、外向型、再就业和绿色产品加工企业。

（2）加强城乡基础设施建设，加快城镇化进度。

① 大力发展镇域经济，加快城镇化进程。

② 开展生态文明县镇的创建，开展净化、亮化、绿化、美化的环境保护活动，增强全民的生态文明意识，提升城镇品位，创建生态县域城镇。

（3）落实科学发展观，构建和谐社会。实现经济社会与资源的协调发展，切实保护生态资源，加强生态环境建设，把改善生态环境作为经济发展和提高人民生活质量的重要内容，建立比较稳定的生态保护措施体系和高效的绿化产业体系。

四、发展县域生态经济具有深远意义

（1）现实意义。

① 资源可持续利用。走从牧到林、从林木生态经济到生态资源优势、从发展生态支柱产业到稳定高效的可持续发展的生态经济道路。

② 经济可持续增长。从单一的牧业经济发展到生态旅游经济。

③ 社会各项事业全面发展。人民生活水平和生态环境持续改善。独特的气候资源为新经济的开发创造了良好的条件。

（2）借鉴意义。

尚义县生态发展、经济发展和环境发展的递进正符合党的十七大报告提出的经济发展方式，没有单纯地追求经济增长，而是逐步实现区域、环境、社会及经济的可持续发展。

（3）推广意义。

① 尚义县的县域经济是具有区域可持续发展的产业经济。

② 尚义县的县域经济是具有循环经济特征的新经济系统。

③ 尚义县的县域经济是典型的和谐生态经济。

从一定意义上来说，尚义县要建设成生态型的小城镇，必须从优势产业的生态化模式建设开始，通过科技创新、制度创新、体制创新实现产业的生态化生产，并在此基础上，促进更多的乡镇产业走绿色之路，形成一系列具有特色生态产业的小城镇集群，最终使尚义县建成生态型的可持续发展的城镇。

第二节　政策依托型县域生态经济发展分析
——以内蒙古鄂尔多斯市达拉特旗为例

达拉特旗位于内蒙古自治区西部、鄂尔多斯高原北端，黄河中上游南岸。地理坐标为北纬 40°00′—40°30′，东经 109°00′—110°45′。东与准格尔旗接壤，南与东胜区毗连，西与杭锦旗相邻，北与草原钢城包头市隔河相望；全旗东西长 133 公里，南北宽 66 公里，总面积 8200 平方公里。总人口 33.6455 万人，其中：城镇人口 13.6471 万人，乡村人口为 19.9984 万人，人口密度 40.7 人/平方公里，由蒙、汉、满、回、朝鲜、达斡尔、苗、彝、维吾尔、羌等 12 个民族组成，汉族人口占多数。属典型的温带大陆性气候，大陆度 75%，干燥少雨，冬寒夏热，昼夜温差大，年均日照时数约 3000 小时，年均气温 6.1℃～7.1℃，无霜期 135～150 天，太阳能、风能资源充裕。年均降水量 240～360 毫米，主要集中在 7—9 月份。

一、研究背景

（一）自然环境背景

达拉特旗地处蒙中经济区，在内蒙古自治区最主要的"呼和浩特—包头—乌海"产业带与我国中西部的神骅铁路产业带的"T"字形结合部。旗人民政府所在地树林召镇是包头至西安210国道和包神铁路线上的重镇，是包头通往鄂尔多斯市、陕西、山西等地的交通要道，是鄂尔多斯市的北大门，是一个以蒙古族为主体、汉族占大多数的多民族杂居区。树林召镇占地14.33平方公里，总人口73749人。达拉特旗辖9个镇、10个乡、1个苏木：树林召镇、白泥井镇、大树湾镇、解放滩镇、高头窑镇、耳字壕镇、中和西镇、吉格斯太镇、王爱召镇、乌兰乡、昭君坟乡、树林召乡、榆林子乡、德胜泰乡、蓿亥图乡、青达门乡、盐店乡、敖包梁乡、马场壕乡、展旦召苏木。

全旗地形南高北低，海拔高度由1500米降至1000米，分三大自然类区：南部属鄂尔多斯台地北端，占总面积的24%，系丘陵土石山区，土壤属栗钙土类，矿藏丰富，地势起伏较大，水土流失严重，分布有7个乡镇、89个村、604个村民小组、67950口人；中部为库布其沙带，占总面积的49%，土壤属沙壤土，宜林宜牧，水土流失特别严重，分布有1个苏木、5个村（嘎查）、262个村民小组、6724口人；北部为黄河冲积平原，占总面积的27%，地势平坦，土壤属灌淤草甸土类，是国家商品粮基地和国家农业开发区，分布有12个乡镇、138个村、673个村民小组、258461口人。

资源品种多、储量大、品位高。目前已发现的有煤、芒硝、石英砂、耐火黏土、泥炭、白粉球、砂金、大理石、石灰石、铁等。煤探明储量98亿吨，属长烟煤、褐煤和不黏结煤，低硫、低磷、低灰、挥发性高，发热量4700～6300大卡/千克，是优质动力煤。主要矿区有高头窑镇、青达门乡、耳字壕镇和敖包梁乡。年产量300万吨。芒硝矿区位于德胜泰乡、大树湾镇一带，探明储量70亿吨，远景储量100亿吨，居世界之首，含硫酸钠大于40%，品位高，质量好，含杂质少。伊化集团曾利用水溶法试采成功。石英砂主要产于敖包梁，埋藏浅，易开采，探明储量4720万吨，二氧化硅含量96%～99.85%，耐火度1750℃，透气性850，能满足铸钢和玻璃用砂要求。黏土（陶土）产于敖包梁乡、高头窑镇等地，埋藏浅，大都裸露，属优质、软质黏土，探明储量1662万吨。泥炭（草炭）产于沿河平原，探明储量153万吨，含有机质和氮 36.6％，含氯化钙 45％ 以上，是水泥、白灰的天然原料，亦可作化工原料。

(二) 社会经济发展背景

(1) 综合经济发展速度较快。据初步核算，全旗实现生产总值 160.0 亿元，按可比价计算，比 2006 增长 25.2％。按户籍人口计算，2007 年人均生产总值达到 46364 元，比上年增长 34.2％。分产业看，第一产业实现增加值 17.4 亿元，增长 3.5％；第二产业实现增加值 86.5 亿元，增长 31.8％；第三产业实现增加值 56.1 亿元，增长 23.3％。三次产业结构由上年的 12.8：53.2：34.0 调整为 10.9：54.1：35.0。第一产业对经济增长的贡献率为 5.6％，第二产业贡献率为 56.4％，第三产业贡献率为 38.0％。全年财政收入 14.0 亿元，比上年增长 28.4％。其中，地方财政收入 7.4 亿元，增长 19.2％。详见表 10-2。

表 10-2 2007 年财政收入及其增长速度

指　　标	完成额（亿元）	比上年增长％
财政收入	14.0	28.4
地　税	5.7	33.3
国　税	5.6	47.2
财　政	2.7	−4.7
地方财政收入	7.4	19.2
一般预算收入	5.1	40.2
基金预算收入	2.3	−10.5

(2) 政策性农产品产量上升，粮食产量逐年下降。全年农作物总播面积 172.8 万亩，比上年增长 1.6％。粮食作物播种面积 115.4 万亩，比上年下降 0.6％；粮食产量 111407.8 万斤，比上年增长 1.0％，粮食产量连续三年突破 110000 万斤。其中：小麦播种面积 7.4 万亩，下降 16.9％，产量 4288.8 万斤，减产 12.0％；玉米播种面积 97.1 万亩，增长 2.4％，产量 99833.6 万斤，增产 2.8％。油料种植面积 7.7 万亩，增长 0.9％，产量

2359.2 万斤，增产 4.4%。蔬菜种植面积 2.9 万亩，增长 26.2%，产量 16551 万斤，增产 33.0%。青饲料种植面积 36.8 万亩，增长 9.3%。如图 10-4、图 10-5 所示。

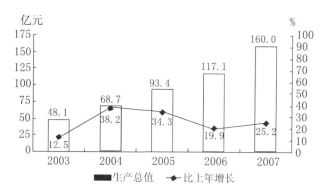

图 10-4　2003—2007 年生产总值及其增长速度

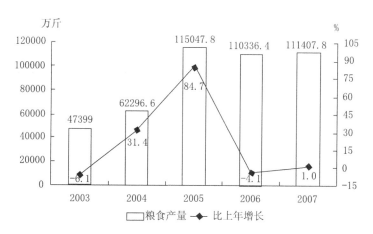

图 10-5　2003—2007 年粮食产量变化

（3）畜牧业生产逐年下降。牧业年度牲畜存栏 350.8 万头（只），比上年下降 9.0%。其中，大小畜合计 341.1 万头（只），下降 5.1%；大小畜中羊的存栏 332.7 万只，比上年下降 4.5%；生猪 9.7 万头，下降 62.9%。年末牲畜头数存栏 194 万头（只），比上年下降 8.6%。其中：大小畜合计 188.7 万头（只），下降 7.2%；大小畜中羊的存栏 181.0 万只，下降 6.6%。生猪 5.4 万头，下降 39.0%。

全年肉类总产量 41475 吨，比上年减产 16.6%。其中：猪肉 11601 吨，减产 52.9%；牛肉 5007 吨，增产 217.1%；羊肉 23933 吨，增产 6.5%。

（4）能源重化工业和建筑业产值快速增长。全年全部工业增加值 75.6 亿元，按可比价计算，比上年增长 37.4%。其中：规模以上工业企业完成增加值 64.5 亿元，增长 45.6%。如图 10-6 所示，见表 10-3。

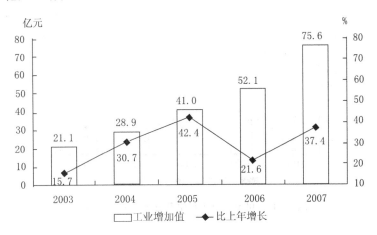

图 10-6　2003—2007 年工业增加值及其增长速度

表 10-3　2007 年主要工业产品产量

指标名称	单　位	1—12 月	比上年增长%
发电量	亿度	168.9	22.5
原煤	万吨	727.4	42.0
生物药	吨	124.0	16.9
配混合饲料	万吨	48.8	194.6
服装	万件	90.2	9.8
羊绒纱	吨	1399	12.2
无毛绒	吨	2621	45.9
电石	万吨	50.0	136.0
铁合金	万吨	15.6	192.9
水泥	万吨	54.6	20.3
氮肥（折含 N100%）	万吨	1.8	−4.9
白酒	千升	1906	278.9
鲜冷冻肉	万吨	8.7	70.9
塑料制品	吨	6678	399.1
羊绒衫	万件	90.2	12.5

（5）国内贸易发展速度快。全年社会消费零售总额21.4亿元，比上年增长 14.1％。分地域看，旗级消费12.9亿元，增长 14.0％；旗级以下消费8.5亿元，增长14.3％。按行业划分，批发零售业消费17.3亿元，增长11.5％；住宿餐饮业消费 3.1 亿元，增长 28.8％；其他行业消费 1.0 亿元，增长22.5％。大型商品交易市场活跃。全年亿元以上交易市场商品成交额1.7亿元，增长2％，如图10-7所示。

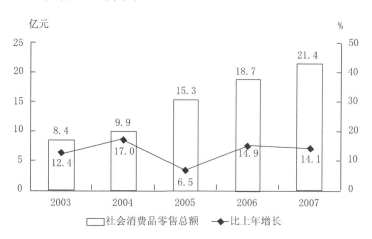

图 10-7　2003—2007 年社会消费品零售总额及其增长速度

（6）交通和旅游及其他。2007 年，全旗交通运输完成货物运输量 5638 万吨，增长 5.7％；完成货物运输周转量 511432 万吨公里，增长 5.7％。全旗交通运输完成旅客运输量 459 万人，增长 1.3％；完成客运周转量 34339 万人公里，增长 1.3％。全旗拥有载货汽车 6875 辆，挂车 3919 辆，长途客车 127 辆，城乡公交车 120 辆，出租车 896 辆。

2007 年，全年共接待国内外旅游人数 127 万人次，比上年增长 1.6％。完成旅游收入 7.2 亿元，比上年增长 26.3％。其中：恩格贝接待旅游人数 21.1万人次，收入 2868 万元；响沙湾接待旅游人数 27 万人次，收入 1316 万元。文教卫生事业有长足的发展。

二、当前面临的主要生态经济问题

（1）经济总量的提高与产业结构布局的矛盾。到 2006 年，全旗地区生产总值达到 117.7 亿元，年均增长 23.4％，财政收入突破 10.9 亿元，年均增长36％，城镇居民人均可支配收入和农牧民人均纯收入分别达到 11444 元和5513 元，分别增长 20.9％和 18.5％。三次产业比例调整为 12.4∶52∶35.6。

在全国第六届县域经济基本竞争力评价中，名列中国西部百强县（市）第 9 位。一、二、三产业的比例不合理，是严重影响旗域经济和谐发展的因素。

（2）经济发展中结构性矛盾日益突出。旗域经济发展中结构性矛盾突出，表现为整体产业素质不高，结构层次较低，科技与经济结合不紧密，循环经济发展意识薄弱，综合竞争力不强。随着旗域经济的发展，优化产业结构、强化产业的综合竞争力已刻不容缓。

（3）可持续发展的挑战。资源、生态、环境保护与经济发展的协调统一是可持续发展的前提条件。达拉特旗地理环境特殊，土地沙化不断侵害着宝贵的土地资源，粮食产量逐年下降，极大地制约了经济和社会的发展，在能源节约的国策下，经济可持续发展成为一项长期而艰巨的任务。

三、发展方向与对策

（1）突出重点，综合发展。合理布局产业结构，重点突出能源重工业。达拉特旗确定的发展思路是坚持"三个统一"，实现"三个突破"。即坚持做大经济总量与提升自身实力相统一；坚持加快发展与提高效益相统一；坚持夯实经济基础与促进社会和谐相统一。实现"三个突破"，一是在发展现代农牧业上求突破；二是在构筑能源重化工产业集群上求突破；三是在提升城市综合承载能力上求突破。

（2）更新观念，以开发促进改革。实现"四个确保""两个力争"，即在"十五"的基础上，地区生产总值翻两番，确保达到 400 亿元，力争达到 450 亿元；财政收入翻两番，确保达到 40 亿元，力争达到 50 亿元；城镇居民人均可支配收入翻一番，确保达到 2 万元；农牧民人均纯收入翻一番，确保达到 1 万元。"十一五"期间，率先在自治区建成能源重化工和循环经济基地。加大引进人才、技术的力度，以资源换技术，以市场换项目，以环境换人才，以存量换增量，加强和发达地区的联系，实现优势互补，共同发展。

（3）贯彻可持续发展战略。克服资源、生态、环境的约束，转变经济社会发展模式，是达拉特旗今后发展中的一项长期性和基础性的任务。按照市场机制和政府管制相结合的原则，在环境保护、生态建设、节约资源、清洁生产方面作不懈的努力。

① 在资源、生态环境的保护与建设上，综合运用经济手段、行政手段和法律手段，通过界定产权、政府管制和充分发挥市场机制的作用，控制流量以维持存量，广泛吸纳企业、个人和外资参与生态环境建设，通过发展资源环保

产业，取得环境效益、经济效益和社会效益。

② 广泛利用可持续发展的节能降耗技术改造传统产业，将节约资源和保护环境结合起来，将清洁生产与转变经济增长方式结合起来。

③ 积极调整产业结构、产品结构和生产布局。加快资源型产业向深加工产业转化，由低技术、低品质、低效益向高技术、高质量、高效益转变，加快工业园区建设，在取得集聚效益的同时，实现对污染物的集中处理。

四、依托能源发展县域生态经济的意义

20 世纪 50 年代到 70 年代中期，因盲目开荒种地、过度放牧和滥挖药材等生产行为，严重破坏了县域生态的和谐。近几年，达拉特旗的县域经济发展迅速，县域面貌发生了巨大的变化。

达拉特旗依托政策发展了新型产业，全面调整了县域产业结构，建立了优势产业链，充分发挥了地域优势，有效地改善了农牧业生产条件，实现了农牧业增产增收，改善了人民的生活条件，使旗域生态环境现状得到根本性改变，经济步入可持续发展的快车道。从生态镇建设模式来分析，达拉特旗的生态建设发展模式具有一定的典型性和推广性。

第十一章　构建县域生态经济发展之路

县域经济发展的滞后，制约着我国经济的健康协调发展，不利于社会的稳定和长治久安。因此，在建设全面小康社会的新一轮发展热潮中，加快发展县域经济，重点解决"三农"问题，已经提到了前所未有的战略高度。从理论上说，要解决农业、农村和农民问题，就必须建设现代农业，发展农村经济，增加农民收入。党的十六大报告有个突破性的提法，就是统筹城乡经济社会发展。这是很有针对性的。长期以来，我国政府一直是重视解决"三农"问题的。但为什么没有得到很好的解决呢？其根本原因就在于过去对"三农"问题的认识以及寻找解决"三农"问题的途径，仅仅把眼光局限在"三农"本身，即就"三农"论"三农"。总结历史上的经验教训，要从根本上解决我国的"三农"问题，唯有"统筹城乡经济社会发展"。统筹城乡经济社会发展是解决城乡发展问题的一个重大创新。按照这一思路，研究和解决我国的发展问题，应把城市和农村紧密地联系起来，综合研究，通盘考虑，联系农村研究城市，联系城市研究农村。这个新的提法突破了传统的就农业论农业、就农村论农村、就农民论农民的旧框框，站在整个国民经济和社会发展全局的高度来考虑农业、农村和农民问题。

县域经济是农村经济的基本单元。既然县域经济是以农村经济为主体的经济，这就要求把繁荣农村经济放在重要的地位。进入新世纪，我国市场化、国际化、工业化、城市化和信息化进程明显加快，但农业增效难、农民增收难、农村社会进步慢的问题未能得到有效的解决，城乡差距、工农差距、地区差距扩大的趋势尚未扭转，其深层次原因在于城乡二元结构没有完全突破，城镇化严重滞后，城乡分割的政策、制度还没有得到根本性纠正，城乡经济社会发展缺乏内在的有机联系，致使工业发展与城市建设对农村经济社会发展带动力不强，过多的劳动力滞留在农业，过多的人口滞留在农村。这种城乡分割的体制性障碍和发展失衡状态，造成了"三农"问题的现实困难，农村小康成为全面建设小康社会最大的难点。化解"三农"问题，需要综合治理，但关键是要突破城乡分治格局，消除城乡二元结构，统筹城乡经济社会发展，加快城乡一体化进程。因此，统筹城乡发展是解决"三农"问题的必然选择。

"发展县域经济"及"壮大县域经济"发展战略，奏响了我国经济发展主旋律中的新世纪乐章。发展县域经济是社会主义新农村建设的根本途径，"生产发展、生活宽裕、乡风文明、村容整洁、管理民主"，既是中央对新农村建设的要求，也是县域经济发展的总体目标。发展壮大县域经济是完善社会主义市场经济体制的迫切要求，建设社会主义新农村，全面建设小康社会具有巨大的战略意义和现实意义。

区域经济社会发展的关键是大力推进县域经济发展。县域经济是社会经济功能比较完善的基本单元，是实现国家对整个经济活动进行监控的重要环节。对于一个区域来说，县域经济在规划制定、产业开发、经营战略重点确立和经济结构调整等一系列问题上，具有相对独立的自主性，能够协调农业和其他产业之间的关系，统一各部门的力量，兼顾县、乡（镇）、村三个层次以及城市和农村两个领域。从这个意义上来说，县域经济就是城乡统筹的集中体现。如果县域经济缺乏活力，区域经济就不可能持续快速健康的发展，缩小城乡差别、实现共同富裕、全面建设小康社会也就失去了根基。因此，大力推进县域经济发展是省级经济社会发展的关键环节。

由于统筹城乡经济社会发展是一场广泛而深刻的变革，涉及整个社会管理构架的重组和社会利益格局的调整，核心是按照社会主义市场经济的发展要求，改变城乡分治的二元结构，对工农关系、城乡关系和整个国民经济发展进行全局性、战略性调整，建立城乡一体的管理体制和管理机制。因此，统筹城乡发展本质上是国家配置资源的一种政策机制，是政府的一种宏观调控手段。"统筹城乡发展"的行为主体是各级政府。国家（包括中央政府和省级政府）统筹城乡发展的政策和措施，最终将要靠县级政府在县域经济和社会发展中得到落实

加快县域经济发展则是实现统筹城乡发展最直接的操作平台。县域经济承上启下，是"统筹城乡发展"的最直接的操作平台，是影响区域竞争力的关键，是区域经济发展和社会稳定的重要基础。因此，发展和壮大县域经济，是省级树立和落实全面、协调、可持续科学发展观，实现加快发展、率先发展和协调发展的重大举措和突破口。

党的十七大报告提出了"建设生态文明，基本形成生态资源和保护生态环境的产业结构，增长方式，消费模式"，并强调了"生态文明观念在全社会牢

固树立""城乡经济一体化"的经济战略方针。中国走向县域经济时代已经是大势所趋,要求我们用科学态度来发展县域经济,用科学的理论来指导县域经济,追踪中国县域经济发展的新趋向,总结中国县域经济发展的新经验,提出解决中国县域经济问题的新理论。

一、县域生态产业链是生态经济发展的基础

(1)生态农业。要积极开发生态种植业、生态畜牧业,合理使用化肥、农药,使农业废物无害化、资源化,减少农业的白色污染,还原土地的原始状态,形成生态大农业的良性循环。

(2)生态工业。工业发展要坚持不污染环境、不破坏资源、不搞低水平重复建设原则。在产业方向上,关、停、并、转一些有污染的工业企业,对新上工业项目特别是化工项目,实行集中布点或将其放在非城区的下风方向,避免空气污染物对城市的排放,保持城市使用清洁能源,恒久保持清洁生产,以符合国家的需求。

(3)生态旅游业。良好的环境和自然生态是实现旅游可持续发展的基本条件。生态旅游成为生态产业链的支柱产业,"回归大自然旅游""绿色旅游""保护旅游"和"可持续发展旅游"等绿色运动及绿色消费已形成各具特色的生态旅游,并迅速普及到全球。

二、县域生态经济是社会经济发展的必然选择

(1)县域生态经济是实施区域生态经济发展战略的前提。生态经济的和谐发展,是指在一定时空范围内影响经济与生态发展的各种因素的总和,它包括自然环境、经济发展、法治环境等诸多方面,通过经济链、生态链以及经济与生态联动所构成的相互作用、相互影响、相互联动的庞大系统。所谓区域经济与生态发展和谐度,是指一个特定区域范围内报告期经济发展与生态发展之间所结成的和衷共济、相互适应、协调运行的良好状态关系的程度。

(2)生态经济是顺应国际潮流,落实我国可持续发展基本国策的根本选择。目前,人类面临的人口、资源、环境与发展问题比以往任何时候都更加严峻,历史的机遇稍纵即逝,人类已经走到了必须谨慎选择的十字路口。生态经济已成为许多国家实施可持续发展的新潮流。美国著名经济学家莱斯特·R.布朗认为:"生态经济是有利于地球的经济构想,是一种能够维系环境永续不衰的经济,是能够满足我们的需求又不会危及子孙后代满足其自身需求

的前景的经济。""可持续发展"基本国策在我国不断地深入人心，已成为各级政府和社会各界各项活动的基本准则和奋斗目标。要实现可持续发展，就必须在坚持"发展是硬道理"的原则下，加快发展，同时注重生态建设和环境治理，只有生态经济发展模式才能达到双赢的目标。

（3）县域生态经济是解决区域生态脆弱和贫困问题的最优途径。在全面建设小康社会和向现代化第三步战略目标迈进的重要时期，区域面临着"既要加快经济发展，又必须治理和保护生态环境，确保生态环境安全"的双重重任和两难选择。能否在二者之间进行有效的协调，关系到能否实现"可持续发展"和实现"现代化"的双重战略目标。新世纪的区域经济发展绝不能再走以牺牲生态环境为代价来谋取经济增长的老路，而必须走环境与经济"双赢"的道路。只有实施生态经济发展模式，使生态建设和社会经济发展有机结合，在保护环境的同时，发展生态环境友好型的可持续经济，才能达到生态与经济的双赢，实现经济效益、社会效益和生态效益相统一的综合效益。因而，县域生态经济发展是提高区域生态经济发展和社会经济贫困两难问题的最优途径。

（4）实践证明，县域生态经济是区域经济成功的发展模式。自新中国成立以来，西部和一些干旱地区坚持种树种草、兴修梯田、治理小流域，把生态环境建设与扶贫开发和社会经济发展结合起来，走出了一条生态经济的发展路子。当前，国内外越来越多的地区都在积极地发展生态经济，如：加拿大、美国和我国的黑龙江、吉林、江西、云南、内蒙古、青海等，越来越多的省区都把建设生态经济大省作为 21 世纪的超常规发展战略，生态经济已展现出蓬勃发展之势。

三、县域生态经济发展有利于区域优势的发挥

（1）重点突破，均衡发展，分类指导。县域发展不均衡，生产要素配置差别大，因此，在空间布局上要遵循"非均衡重点突破"原则，避免"遍地开花"和"撒胡椒面"。选择条件较好的重点县域、重点产业集中投资，重点突破。

① 区域生产力宏观布局战略。以区域中心城市及其周围地区、资源富集的开发区、经济技术开发区、高新技术开发区等为战略重点，以中心城市、交通干线为依托，使区域经济布局沿"点—线—面"空间格局展开。

② 实施因地制宜、分类指导的生态经济模式。针对大经济区、省市自治区、城市和农村、经济发达区和欠发达区、资源富集区和资源贫乏区、生态状况较好的地区和生态环境脆弱区等不同情况，因地制宜地发展生态经济。

③ 集中力量建设一批生态县和生态产业基地。在具有相似特点和优势条件的大区域，如黄土高原农牧区、长江上游沿岸地带、四川盆地、云贵高原旅游区等，集中建设一批生态产业带，使之成为发展生态产业的示范区和区域经济增长点。优先开发优势资源，建设一批生态产业基地。充分发挥"生态产业基地"的示范作用，促进生态产业和相关产业的发展，带动区域生态经济整体水平的提高。

（2）走生态型的农村城镇化道路。农村人口量大面广，剩余劳动力众多，对生态环境造成了较大的压力。城镇化是推动区域经济发展的"火车头"，是减轻农村生态环境压力，促进区域现代化的关键之举。要遵循城市生态经济原理，按照区域中心城市、县城、建制镇、重点集市所在乡等四个层次推进农村城镇化，建设生态型小城镇、生态村和生态社区；打破城乡"二元结构"，大力发展乡镇企业和民营经济，把加快农业产业化和加强小城镇建设有机地结合起来，将生态脆弱区的农民和农村剩余劳动力转移出来向小城镇集中，减缓对农村生态环境的压力；依托退耕还林（草）等生态环境建设和环境污染治理工程，加强城镇环保设施、基础设施建设，开发推广高效清洁能源，推动城镇生态系统的良性循环。

（3）建设生态文明示范县代表了县域经济发展的未来方向，是人类居住区发展的高级阶段和高级形式。全面开展全民环境教育，培养树立生态文明意识，强化生态文明理念，倡导健康、文明、绿色、节约的生活方式和消费方式，逐步形成特色鲜明、内涵丰富、形式多样的生态文化体系。加快发展生态产业，依托生态优势，大力发展生态农业，全面推进有机农产品加工基地建设；依托资源优势，加快发展循环工业、生态工业，大力开发清洁能源，逐步建立以循环经济为核心的生态经济体系；依托区位优势，大力发展现代旅游、文化、服务业，促进第三产业大发展。加强生态环境建设，加快生态敏感区、退化区、脆弱区的生态建设和环境恢复，推进耕地、湿地、天然林保护和退耕还林还草、水土流失治理工程建设，深入开展生态县区、环境优美城镇、生态文明村创建工作，逐步形成城乡贯通、区域互动的生态工程建设体系。创建生态环境保护县镇，建立国家生态环保城镇的规划和考核标准，规范生态环保村镇建设。

四、和谐社会与生态文明是社会经济发展的科学总结

人与自然的和谐是和谐社会的重要基础。胡锦涛同志指出："人与自然的关系不和谐，往往会影响人与人的关系，如果生态环境受到严重破坏、人们的

生产生活环境恶化，如果资源能源供应紧张、经济发展与资源能源矛盾尖锐，人与人的和谐是难以实现的。"也正如马克思所说："社会是人同自然完成的本质统一，是自然界的真正复活，是人的实现了的自然主义和自然界的实现了的人道主义。"虽然，人与自然在本质上是统一的，自然界可满足人类的适当需求，但满足不了贪婪。工业革命以来，随着人口的急剧膨胀、科技的突飞猛进、人类中心主义思潮的泛滥，人类征服自然、主导自然的欲望与日俱增，人与自然之间的关系变得越来越不和谐了。事实证明，人类以环境为代价所获取的社会"进步"，最终都将付出沉重的代价，大自然将按人类利用自然力的程度使其服从一种真正的专制。日益严重的环境问题与生态危机不但直接给人类社会带来了灾害性的影响，如：森林锐减、水污染、城市垃圾、酸雨、沙尘暴等，还引致了大量的社会矛盾与冲突，如：国际环境争端、环境示威与游行、社会个体或组织之间的环境纠纷、争夺资源的战争等。人类不得不重新认识人与自然之间的真实关系：这既不是单向的索取关系，也不是非此即彼的对立关系，而是一种协同共进的友好关系，人类只有与自然和谐相处，才能构建一个和谐的社会。

在如何实现与自然协同共进方面，由于自然内在规律十分复杂，人类目前还难以完全掌握，更难以调节和控制，今天的人类还不能想当然地对自然进行"管理"，而必须尊重自然规律，向自然学习，主要是通过调整人类的行为来调节人与自然的关系，实现协同发展。自然是一种客观实在，自从人类产生以后，就形成了人与自然的关系，并且受到人类各种活动的影响，其中最重要的是经济活动。因此，调整人们的经济行为是协调人与自然的关系的最重要也是最基本的途径。目前，我国人与自然之间的诸多不和谐，实际上都是源自于现行粗放的经济增长方式。我国人均资源占有量少，人均水资源为世界平均水平的1/4；人均耕地面积不到世界平均水平的1/2；人均矿产资源为世界水平的58%。由于国内资源供给不足，许多重要资源对外依存度不断上升。据估计，到2020年我国石油和天然气的对外依存度都将达到50%左右；而生态环境仍呈总体恶化的趋势，水体污染、大气污染、固体废物污染、城市垃圾、酸雨、农村水源污染等环境问题日益严重。但我国的经济增长方式仍然很粗放，单位GDP能耗与发达国家相比存在较大的差距。

保护环境，发展生态循环经济是"和谐社会"与生态文明发展的必然。循环经济是一种生态经济，它要运用生态学原理来指导人类社会的经济活动，在经济活动中把资源看成是一个不断循环利用的系统，从而把经济活动对自然环境的负面影响降到最低极限，同时使资源利用的梯度效益最大化。由此可见，循环经济理论倡导一种与环境和谐的经济发展模式。循环经济是追求更大经济效益、更少资源消耗、更低环境污染和更多劳动力就业的先进经济模式。循环经济的生产与发展，是人类对难以为继的传统经济发展模式反思后的创新。

五、和谐生态是经济发展的战略选择

在过去较长的一个历史时期，我国经济的发展主要是依靠粗放型经济增长方式的推动。我国生态不和谐主要表现为：人口的持续增长与自然资源承载能力的不和谐；水资源短缺，地区用水十分不平衡，水资源污染严重；沙漠化现象严重；生物物种减少，一些物种濒临灭绝；森林资源破坏严重，人为圈地的趋势还在增加，水土流失严重。生态不和谐状况，严重地阻碍了我国市场经济的发展，给国民经济带来严重的损失。生态问题，已经引起了我们党的高度重视。胡锦涛同志指出："我们所要建设的社会主义和谐社会，应该是民主法治、公平正义、诚信友爱、充满活力、安定有序、人与自然和谐相处的社会。"这是我们党科学发展、和谐发展理念的一次升华，生态和谐的构建已经成为建设和谐社会的战略选择。

生态经济将人、社会作为有机复合的系统整体，以协调人与自然关系为准则，将自然资本列为经济运转中最重要的资本形式，把生态环境作为效率的投入要素之一予以考虑，提倡在经济活动中推广"零排放"技术、有毒有害原材料替代技术、绿色再造技术等，将工业文明发展对生态环境的负面影响降低到尽可能小的程度，使污染排放量从正增长向零增长、再向负增长转化，控制人类生产与消费对自然界的破坏，减少废弃物对环境的污染，使青山绿水回到我们身边，让人们"呼吸清洁的空气，喝上干净的水，吃上放心的食物，在良好的环境中生产生活"。

六、发展县域生态经济是实现经济增长方式转变的最优途径

加快转变经济发展方式，是在深入探索和全面把握我国经济发展规律的基础上提出的重要方针，是关系国民经济全局的紧迫而重大的战略任务。加快转变经济增长方式，从基础上调整产业结构，使经济增长达到良性循环，实现绿色产业链。促进经济增长由主要依靠增加物质资源消耗向主要依靠科技进步、劳动者素质提高、管理创新转变。

（1）努力实现由单纯追求经济增长向可持续发展转变。应从单纯追求GDP增长向追求速度与质量、结构、效益相统一转变，从单纯追求经济发展向经济、人口、资源、环境发展相协调转变。在经济不断发展的同时，更加注重经济社会协调发展、城乡协调发展、人与自然和谐相处的可持续发展，努力提高人民群众的生活水平，促进人的全面发展。

（2）努力实现由资源优势向经济优势转变。转变经济发展方式，必须靠建立节约资源的体制机制，靠管理挖掘节约资源的潜力，靠科技建立节约资源的技术支撑体系，用资源优势吸引国内外的资金和技术，以资本和技术推进资源的深度开发、转化和产业延伸，通过模仿自然生态系统中物质循环的过程进行生产活动，实现把生产"废物"变为生产资源。美国生态学家康芒纳曾说，自然所懂得的是最好的，因为自然界有自己的自组织、自演化、自调节的生态规律。自然界是没有废物的，在每个生态系统中，由一种有机物所排泄出来的被称为废物的东西被另一种有机物当成食物而吸收。生态系统的能量和物质被一种有机体利用后，转化为另一种有机体，再次利用，如此循环。"生态系统的循环是无废物的生产过程。正是这一过程支撑着自然界的万物生生不息。"因此，循环经济本质上是生态经济。

（3）实现经济发展方式转变，关键是要提高自主创新能力。自主创新能力是转变经济发展方式的中心环节，党的十七大报告提出，"提高自主创新能力，建设创新型国家，是国家发展战略的核心，是提高综合国力的关键。"要按照建设创新型国家的要求，认真落实国家中长期科学和技术发展规划纲要，加大对自主创新投入，着力突破制约经济社会发展的关键技术。广泛应用高科技和先进适用技术改造传统产业，努力打造拥有自主知识产权的优势产业，全面提高产业技术水平。

（4）努力实现由粗放型增长方式向集约型增长方式转变。在科学技术突飞猛进、信息技术广泛应用的知识经济时代和经济全球化的背景下，经济欠发达地区完全有可能通过发挥后发优势，加快经济发展进程。要实现经济发展方式的转变，必须坚持以生态和环境成本最小化、资源消耗减量化为原则，推进产业结构调整，提高工业技术水平，切实解决"三高两低"问题，建立适合的资源节约型、环境友好型经济体系。

（5）进行资源产权制度创新，提升资源资本和生态环境资本。经济发展是一个系统工程，应从更广视野、更宽领域、更高层次上把经济发展作为一个社会系统工程来抓。应抓紧建立"现代资源产权制度"和"现代环境产权制度"，这是经济增长方式转变和调节人与自然关系的重要制度支撑。建立"国家资源现代产权制度"包括国有土地资源、矿产资源、水资源、森林资源、海洋资源等，在资源领域建立一整套包括产权界定、产权配置、产权流转、产权保护的现代产权制度（例如：各类资源产权转让的价格问题很多，要使各种资源价格充分反映资源的真实成本和供求关系）。还要建立现代环境产权制度，通过产权界定制度，做好生态环境的价值评估；通过产权流转制度，使优质环境的受益企业（如房地产开发企业）支付相应的转让费用；通过产权保护制度，维护环境投资者的合法权益。

总之，生态县域经济的完成是要靠全国、全民、各地区普遍努力方可实现。生态县的建设需要得到国家、省、市的高度重视和扶持。建设国家级生态示范区、试点县，要有优厚的信贷政策，坚持科学发展观，构建生态文明后发优势。发展生态经济是一项系统的社会工程，需要社会各界提高对环境保护重要性的认识，增强对地球、对环境、对子孙后代负责的责任感。只有这样，才能合理开发资源和加强对有限资源的循环利用，促进人与自然和谐相处，走上生产发展、生活富裕、生态良好的可持续发展道路。

参 考 文 献

[1] ［英］阿瑟·刘易斯．周世铭，沈丙杰，沈伯根等译．经济增长理论 ［M］．北京：商务印书馆，1983．

[2] ［美］保罗．霍肯．夏善晨等译．商业生态学 ［M］．上海：上海文化出版社，2001．

[3] 毕巍强．浅析循环经济 ［J］．经济师，2006（3）：67—68．

[4] 曹复兴．县域产业结构优化升级的思路 ［J］．发展，2004（6）：59—60．

[5] 曹力．生态决定生存 ［J］．沟通，2008（3）：145—146．

[6] 常纪文．欧盟循环经济立法的经验及其对我国的启示 ［J］．国际借鉴，2004（8）：13．

[7] 常晓鸣．对生态经济学的经济学基础的思考 ［A］．四川大学经济学院专题论文，2002．

[8] 陈昌清．发展循环经济是建设新农村重要途径 ［N］．农村报，2005-11-21．

[9] 陈建明．生态经济发展的对策 ［N］．温州日报，2005-01-22．

[10] 陈文科．中国县域经济转轨时的矛盾和成因分析 ［J］．广东社会科学，2003（02）：62—66．

[11] 陈英瑞．产业结构优化调整中存在的问题与对策 ［J］．国有资产管理，2001（12）．

[12] 陈建锋．建设生态文明：社会经济可持续发展的新途径 ［J］．求实，2008（8）．

[13] 陈瑜．消费资本化理论与应用 ［M］．南宁：广西科学技术出版社，2006．

[14] 仇方道．关于县域经济和生态环境协调发展的思考 ［J］．经济师，2003（6）．

[15] 代锦．试论生态工业的基本思想 ［J］．生态经济，1995（3）．

[16] ［法］Edition DALLOZ．王婼华译．法国环境法典 ［M］．北京：国际文化出版公司，1996．

[17] 樊万选，戴其林，朱桂香等．生态经济与可持续发展 ［M］．北京：中国环境科学出版社，2004．

[18] ［美］费景汉，拉尼斯．王璐等译．劳动剩余经济的发展 ［M］．北京：经济科学出版社，1992．

[19] 冯涛．注重农村生态环境保护——建设社会主义现代化新农村 ［J］．江西师范大学学报，2002（2）．

[20] 韩渊丰，张治勋，赵汝植等．区域地理理论与方法 ［M］．西安：陕西师范大学出版

社，1999.

[21] 黄泰岩. 转变经济发展方式的内涵与实现机制 [J]. 求是，2007 (9)：21.

[22] 洪银兴. 以制度和秩序驾驭市场经济——经济转型阶段的市场秩序建设 [M]. 北京：人民出版社，2005.

[23] 胡锦涛. 高举中国特色社会主义伟大旗帜，为夺取全面建设小康社会新胜利而奋斗[R].中国共产党第十七次全国代表大会上的报告，2007-10-15.

[24] 胡锦涛. 在省部级主要领导干部提高构建社会主义和谐社会能力专题研讨班上的讲话 [N].人民日报，2005-6-27.

[25] 季国军，潘传水，周毓霞. 南京市农业生态环境现状分析与对策 [J]. 当代生态农业，1998 (21).

[26] 纪明. 县域经济发展理论体系的构建 [J]. 广西师范学院学报，2007 (1).

[27] 姜照华，刘则渊. 可持续发展产业结构优化模式及解决办法 [J]. 大连理工大学学报，1995 (5).

[28] 江泽民. 论科学技术 [M]. 北京：中央文献出版社，2001.

[29] 江世银. 区域产业结构调整与主导产业研究 [M]. 上海：上海人民出版社，2004.

[30] 靳贞来. 县域经济综合竞争力的内涵及评估体系探讨 [J]. 生产力研究，2006 (3).

[31] 靖继鹏，张海涛，赵筱媛. 县域经济主导产业的选择及产业发展模式 [J]. 经济纵横，2005 (12)：93—94.

[32] 李长青. 构建生态化新农村发展模式 [J]. 经济导刊，2007 (11)：9.

[33] 李兰梅. 资源开发利用的生态经济原则 [J]. 世纪期刊，2002 (3)：46—47.

[34] 李来胜. 我国生态经济可持续发展的制约因素及对策 [J]. 山东财政学院学报，1994 (4)：59—62.

[35] 李长清. 人才开发与落实科学发展观 [J]. 闽西论坛，2006 (12)：29.

[36] 李建龙. 城市生态绿化工程技术 [M]. 北京：化学工业出版社，2004：358—359.

[37] 李金昌. 资源核算论 [M]. 北京：中国环境科学出版社，1994.

[38] 李胜会. 统筹城乡关系与发展县域经济模式选择 [J]. 农村经济，2004 (11).

[39] 林浩. 全国县域经济百强县 [N]. 中共青年报，2007-7-17.

[40] 厉无畏，王振. 科学发展观与新一轮经济增长 [M]. 上海：上海学林出版社，2005.

[41] 厉以宁. 区域发展新思路——中国社会发展不均衡对现代化进程的影响与对策 [M]. 经济日报出版社，2000.

[42] 龙均云. 对构建绿色消费模式的研究 [J]. 价格理论与实践，2009 (4).

[43] [美] 莱斯特·R. 布朗. 林自新等译. 生态经济 [M]. 北京：东方出版社，2002.

[44] 赖义金. 创新发展思路实现县域经济大跨越 [J]. 求是，2003 (3)：47.

[45] 梁佩韵. 县域经济发展存在的问题及相关对策研究 [J]. 科技情报开发与经济，2007 (14)：28—29.

[46] 林丽芳．关于农业生态化战略的研究 [J]．福建经济管理干部学院学报，2006 (01)：56—58.

[47] 林毅夫．要素禀赋、比较优势与经济发展——中国经济研究 [M]．北京：北京大学出版社，1999：195—201.

[48] 刘斌，王冲，张根水等．循环经济理论在生态城市建设中的运用 [A]．中国论文中心，2007 (1)：20.

[49] 刘长明．生态是人类社会产生、存在和发展的基础 [J]．理论探讨，2001 (3)：47.

[50] 刘传国，唐学玺，曹曼等．国内外循环经济实施现状及分析 [J]．生态经济，2004 (6)：22—24.

[51] 刘喜凤，罗宏，张征等．21 世纪的工业理念 [J]．北京林业大学学报（社会科学版），2003 (3)：90.

[52] 刘学侠．循环经济理念下的产业集群发展战略 [EB/OL]．网络文章，2009-1-13.

[53] 陆大道．中国区域发展的理论与实践 [M]．北京：科学出版社，2003.

[54] 马东全．提高县域经济的开放性 [EB/OL]．浙江在线，2006-8-23.

[55] 马广奇．产业经济学在西方的发展及其在我国的构建 [EB/OL]．天下论文网，2007-11-21.

[56] 莫凡．全国县域经济差异性 [EB/OL]．中国县域经济网，2006-1-122.

[57] 倪小林．区域经济能否跑赢利益"博弈" [N]．上海证券报，2007-3-13.

[58] 宁军明．区域经济增长的趋同与趋异理论述评 [J]．郑州航空工业管理学报，2007 (2)：88—90.

[59] 潘旭明，苏力，李一鸣等．城乡一体化与二元经济的破解 [J]．生态经济，2008 (7)：56—58.

[60] 裴真．海南生态工业发展的几个问题 [J]．海南金融，2000 (9)：32—33.

[61] 钱易，唐孝炎．环境保护与可持续发展 [M]．北京：高等教育出版社，2000.

[62] 乔耀章．应当把可持续发展思想引入行政管理 [J]．中国行政管理，1998 (4)：12.

[63] 全国人民代表大会常务委员会编．中华人民共和国循环经济促进法 [S]．中华人民共和国主席令第四号，2009-1-1.

[64] 全国生态农业县建设领导小组办公室．生态示范区可持续发展量化研究 [M]．北京：中国农业科技出版社，1996.

[65] 任勇．中国循环经济内涵及有关理论问题探讨——循环经济发展之路 [M]．北京：人民出版社，2006.

[66] 任海平，王思强．论中部崛起的范式选择——生态化县域经济 [J]．生产力研究，2008 (10)．

[67] 任勇．循环经济在城市可持续发展中的定位、模式与方法探讨 [N]．中国环境报，2005-5-24.

[68] 史忠良. 产业经济学 [M]. 北京：经济出版社，1999.

[69] 世界环境与发展委员会编. 我们共同的未来 [M]. 北京：世界知识出版社，1989.

[70] 苏时鹏，张春霞. 构建和谐社会与发展循环经济 [J]. 学术论坛，2006 (2).

[71] 陶火生. 和谐理论的实践路径研究 [J]. 华侨大学学报（哲学社会科学版），2002 (23)：4.

[72] 田应奎. 经济新概念 [M]. 北京：中共中央党校出版社，2003：57—59.

[73] 王怀岳. 中国县域经济发展实论 [M]. 北京：人民出版社，2001.

[74] 王国敏. 我国县域经济发展的困境及路径选择 [J]. 开发研究，2006 (2).

[75] 王进. 我们只有一个地球——关于生态问题的哲学 [M]. 北京：中国青年出版社，2007：11—15.

[76] 王坚. 论支撑中国城市可持续发展的生态农业产业化战略 [A]. 中国环境科学学会2006年学术年会优秀论文集（上卷）[C]. 北京：中国环境科学出版社，2006.

[77] 田梦奎. 中国中长期发展的重要问题：2006—2020 [M]. 北京：中国发展出版社，2005.

[78] 王全新. 生态经济学原理 [M]. 郑州：河南人民出版社，1988：14—115.

[79] 王如松，贾敬业，冯永源等. 生态县的科学内涵及其指标体系 [J]. 生态学报，1991 (5)：217—22.

[80] 王书华. 区域生态经济——理论、方法与实践 [M]. 北京：中国发展出版社，2008：139—143.

[81] 王寿兵. 产业生态学与生态产业建设战略研究 [J]. 上海环境科学，2003 (7)：338—340.

[82] 黄博. 博弈论应用与经济学发展 [M]. 北京：首都经济贸易大学出版社，2004.

[83] 王欣. 引入市场机制，促进生态省建设 [N]. 海南日报，2005-1-12.

[84] 王学文. 现有经济发展的总体态势与主要模式 [J]. 贵州教育学院学报，2007 (3).

[85] 苏时鹏，张春霞. 全球大力发展可再生能源 [J]. 生态经济，2008 (7)：12—17.

[86] 王余. 论县域经济发展的核心问题——构建产业支撑 [J]. 沈阳大学学报，2008 (20)：5.

[87] 解振华. 领导干部循环经济知识读本 [M]. 北京：中国环境科学出版社，2005.

[88] 解振华. 关于循环经济理论与政策的几点思考 [N]. 中国环境报，2003-11-15.

[89] 邢志广. 中国县域经济发展模式研究 [D]. 哈尔滨工程大学博士学位论文，2006：75—76.

[90] 熊桉，曾宪初. 县域经济增长方式的研究对策 [J]. 经济问题，2006 (5).

[91] 许涤新. 生态经济学探索 [M]. 上海：上海人民出版社，1985.

[92] 许经勇. 建设新农村与壮大县域经济 [J]. 云南财经学院学报，2004 (4)：36—37.

[93] 徐文燕. 我国循环经济发展的障碍分析与对策 [J]. 学习与探索，2007 (2)：147.

[94] 徐中民，程国栋. 可持续发展定量研究的几种新方法评介 [J]. 中国人口、资源与环境，2000（2）：60—64.

[95] [美] 熊彼特. 孔伟艳等译. 经济发展理论 [M]. 北京：北京出版社，2008.

[96] 吴克列. 世界经济区域一体化与我国区域经济理想模式 [J]. 世界经济研究，2000（1）.

[97] 吴林娣，方国伟. 环境与社会、经济协调发展评价指标体系初探 [J]. 上海环境科学，1995（5）：2—5.

[98] 吴天马. 循环经济与可持续发展 [N]. 环境导报，2002（4）：4—6.

[99] 吴玉萍. 环境经济学与生态经济学学科体系比较 [N]. 生态经济，2001（9）.

[100] 熊焰. 低碳之路 [M]. 北京：中国经济出版社，2010.

[101] 严立冬，孟慧君. 深化生态经济理论研究，走可持续发展道路 [J]. 生态经济，1997（2）.

[102] 闫恩虎. 县域经济论 [M]. 广州：暨南大学出版社，2005.

[103] 杨保平. 经济发展战略研究与思考 [J]. 湖北社会科学，2002（8）：27.

[104] 杨桂华. 生态旅游 [M]. 天津：南开大学出版社，2004：293—294.

[105] 杨建军. 县域经济的可持续发展分析 [J]. 东北大学学报，2006（5）.

[106] 杨荣俊，王锋. 生态经济战略是覆盖全社会的战略思想 [J]. 江西社会科学，2000（8）：25.

[107] 杨艳明. 绿色消费与生态文明刍议 [J]. 系统科学学报，2009（1）.

[108] 杨小川. 县域经济问题研究评述 [J]. 调研世界，2006（3）：46—48.

[109] 杨榆宏. 关于发展县域经济的思考 [J]. 城市与区域经济，2008（4）.

[110] 叶小平. 中国发展生态旅游的可行性分析及发展定位 [J]. 浙江林学院学报，2004（1）：65—67.

[111] 尹璇，倪晋仁，毛小苓等. 生态足迹研究述评 [J]. 中国人口、资源与环境，2004（5）：45—52.

[112] 游淑琼，曾建中. 求解县域经济发展的金融通道 [DB/OL]. 中国论文网站，2006-2-24.

[113] 于海洪. 可持续发展理论的STS思考 [J]. 科学技术与辩证法，2004（1）：88—91.

[114] 苑秋菊，咸立冬. 全力打造全国知名生态区域 [EB/OL]. 承德政府网，2008-9-26.

[115] 湛果，张明举. 循环经济理论与县域经济发展 [J]. 安徽农业科学，2007（3）：916—917.

[116] 詹浩勇. 产业融合的涵义及其理论研究 [J]. 广西工学院学报，2005（2）：6—9.

[117] 张福贵. 大力发展生态环境产业，培育县域经济发展新增长点 [J]. 经济论坛，2002（3）.

[118] 张凯. 循环经济理论与实践 [M]. 北京：中国环境科学出版社，2004：9—10.

[119] 张立华. 关于发展县域经济问题的思考 [J]. 农业经济，2007（4）：46—47.

[120] 张明举．孙美平．对生态经济学若干问题的思考［J］．国土与自然资源研究，2006（9）：13.

[121] 张平英．县域经济发展的理论与实践［M］．北京：中共中央党校出版社，2002：35—38.

[122] 张壬午．县级生态农业建设方法［M］．北京：中国科学技术出版社，1992.

[123] 朱孔来，薛占胜．县域经济问题的特点及对策［J］．宏观经济管理，2007.05.

[124] 朱文兴．论转变经济发展方式［N］．济南日报，2007-10-9.

[125] 朱子云．生态效益经济的理论内涵初探［EB/OL］．价值中国网，2006-5-21.

[126] 周金堂．经济实践与理性思辨——壮大县域经济的探索［M］．北京：新华出版社，2003.

[127] 周文宗．生态产业与产业生态学［M］．北京：化学工业出版社，2005：60—62.

[128] 郑文君，黄艳．产业结构调整与县域经济的发展［J］．商场现代化，2006（16）：282.

[129] 中国共产党第十六届中央委员会．中华人民共和国国民经济和社会发展第十一个五年规划纲要［S］．北京：人民出版社，2006.

[130] 中国共产党第十六届中央委员会．中共中央关于完善社会主义市场经济体制若干问题的决定［S］．北京：人民出版社，2003.

[131] 中华人民共和国国务院．中国 21 世纪议程［S］．北京：中国环境科学出版社，1994：43—52.

[132] 宗建树．我国生态环境形势依然严峻［N］．中国环境报，2002-6-18.

[133] 朱永杰．可持续发展的管理与政策研究［M］．北京：中国旅游出版社，2005.

[134] All，Inc. 1997. 35、Jeffrey Church & Roger Ware，Industrial Organization a Strategic Approach，Mc Gram-Hill Companies，Inc. 2002.

[135] Alz U. Transport Costs，Intermediate Goods，and localized Growth. Regional Science and Urban Economic，1996，26.

[136] Artin L. Sequential Location Contests in the Presence of Agglomeration Economics. Working Paper，University of Washington，1999.

[137] Aul K. Increasing Returns and Economic Geography. Journal of Political Economy，1991，Vol. 99，No pp. 483—499.

[138] Barro R. J. ，Sala-Martin. Convergence. 1992 The Journal of political Economy，vol 100，2.

[139] Bergman E. M. ，Feser E. J. The Web Book of Regional Science. Regional Research Institute，WVU，1999.

[140] Boulding K. E. The Ecnomics of Coming SpaccshipEarth. Environmental Quality in a Growing Economy. 1966，3：14—28.

[141] Dan B. D. Ayal K. Trade and the Rate of Income Convergence. 1NBER Working Paper，2001.

[142] Dixit A. and Stiglitz J. E. Monopolistic Competition and Optimum product Diversity. American Economic Review，1977，67（3）. Perrroux，F. 1995.

[143] Emple. Regionl Economics. The Macmillan Press，L ID，1994.

[144] Grossman K. Environmental Kuznets Curve，EKC. 1991.

[145] Iovannetti E. On the Evolution of Regional Asymmetries. CCSR Working Paper，University of Cambridge，1999.

[146] Nashville. he American Economic Review 2002 92（3）：1—201.

[147] Ng R. S. Ancient and Recent Ecological City Theory and Practice in China. Village Wisdom/Future Cities：The Third International Ecocity and Ecovilisge Conference，edited by Register B. ，Peeks E. Cleveland，1996.

[148] Omer P. M. Increasing Returns and Long-Run Growth. Journal of Political Economy，1994，Economic Letters 37，pp. 105—109.

[149] Uah D. Internet Cluster Emergence. CERR Discussion Paper，1999，No. 2293.

[150] Wilfred J. Ethier. Regionalism in a Multilateral World. Journal of Political Economy，1998，vol. 106，no. 6.

[151] William G. Shepherd，E. The Economics of Industrial Organization：Analysis，Markets，Policies. Prentice-Policies，4th edition，Prentice-Hall，Inc. 1997.

[152] http：// www. unep. org/Our common future.

[153] http：//blog. donews. com//wwcs//archive/2006/05/12/866053. aspx.

[154] http：//wiki. mbalib. com/wiki/%E5%BE%AA%E7%8E%AF%E7%BB%8F%E6%B5%8E.

[155] 解读党的十七大 生态文明与绿色发展［EB/OL］. http：//www. youth. cn. 2007-10-21.

[156] 区域经济与生态发展和谐度综合评判研究［EB/OL］. http：//www. paper800. com.

后　记

　　本书以科学发展观为指导，综合运用农业经济学、区域经济学、发展经济学、经济地理学、管理学等学科的基本原理，遵循历史与逻辑相统一的原则，采取宏观分析与微观分析相结合、实证研究与规范研究相结合、定量分析与定性分析相结合、典型调查与案例分析相结合等多种方法，揭示我国城镇绿色产业经济发展、城乡统筹发展与解决"三农"问题中面临的制约因素，总结已有的经验，提出未来的发展思路。

　　主要特点表现如下：

　　（1）理论分析和实证分析相结合。以城镇绿色产业经济理论、城乡统筹协调发展理论为主要理论依据，对我国城镇绿色产业经济发展现状、城乡发展差距及其影响因素进行系统研究。

　　（2）定性和定量相结合的综合分析方法：从量和质的演变中找出规律，提出方案，设计规划，制定建议。系统分析城镇绿色产业经济的内涵、功能、特点，找出发展规律和机制，制定有效、科学、可行的城镇绿色产业经济模式，构建合理的、适宜的、高效的城镇绿色产业经济运行方案，确定绿色产业经济的高效价值理论。

　　（3）典型调查与案例分析相结合。根据考察与调研，将河北省张家口尚义县和内蒙古伊盟地区的达拉特旗城镇绿色产业经济划分为两种类型，进行实证研究：资源依托型城镇绿色经济；政策依托型城镇绿色经济。通过比较，研究不同类型的城镇绿色产业经济发展模式。

　　（4）坚持理论联系实际的方法。将理论研究与两类城镇经济社会发展实践结合起来。力求前瞻性、创新性和可操作性，以实现经济、社会、生态、文化、环境全面、协调、可持续发展为目标，最终把落脚点放在指导城镇绿色产业经济发展上，为城镇绿色产业经济发展和城乡统筹发展提供决策依据，为我国城镇的"十三五"规划的制定提供决策参考。

　　本书以河北省张家口尚义县和内蒙古鄂尔多斯的达拉特旗为实例，论证城镇绿色产业经济发展的可能性和必要性，分析了我国绿色产业经济发展的现状、存在的问题及发展潜力；认为加速城镇化建设，打破城乡二元结构的有效途径是发展城镇绿色经济。研究了城镇绿色产业经济发展的理论依据，指出在贯彻区域经济理论、可持续发展理论、生态及循环经济理论的前提下，发展城镇绿色产业经济必须遵循产业经济理论、和谐社会理论和生态理论。实现资源与环境的可持续利用、经济和社会的可持续发展，就必须建立可持续的、和谐的城镇生态产业及循环经济体系。

本书首次提出转变经济发展方式必须发展城镇绿色产业经济。城镇绿色产业经济发展的根本，在于将环境的有限性和制约性转换成生态自组织系统。本书提出了发展城镇绿色产业经济需要注意的问题、思路、发展规划及其现实保证。应通过城镇生态环境与经济发展整合性的定位，调整产业结构，完善政策法规，建设生态经济项目，大力发展生态产业，并进行城镇生态经济发展规划。

作　者